Hector Luiz
Rogério Renzetti

MANUAL DE DIREITO DO TRABALHO

Freitas Bastos Editora

Copyright © 2025 by Hector Luiz e Rogério Renzetti.

Todos os direitos reservados e protegidos pela Lei nº 9.610, de 19.2.1998.
É proibida a reprodução total ou parcial, por quaisquer meios, bem como a produção de apostilas, sem autorização prévia, por escrito, da Editora.
Direitos exclusivos da edição e distribuição em língua portuguesa:
Maria Augusta Delgado Livraria, Distribuidora e Editora

Direção Editorial: Isaac D. Abulafia
Gerência Editorial: Marisol Soto
Assistente Editorial: Larissa Guimarães
Copidesque: Lara Alves dos Santos Ferreira de Souza
Revisão: Enrico Miranda
Diagramação e Capa: Pollyana Oliveira

Dados Internacionais de Catalogação na Publicação (CIP) de acordo com ISBD

L953m	Luiz, Hector
	Manual de Direito do Trabalho / Hector Luiz, Rogério Renzetti. - Rio de Janeiro, RJ : Freitas Bastos, 2025.
	140 p. : 15,5cm x 23cm.
	Inclui bibliografia.
	ISBN: 978-65-5675-560-1
	1. Direito do Trabalho. 2. Manual. I. Renzetti, Rogério. II. Título.
2025-2456	CDD 344.01
	CDU 349.2

Elaborado por Odilio Hilario Moreira Junior - CRB-8/9949

Índice para catálogo sistemático:
1. Direito do Trabalho 344.01
2. Direito do Trabalho 349.2

Freitas Bastos Editora
atendimento@freitasbastos.com
www.freitasbastos.com

HECTOR LUIZ
Pós-doutor em Direito pela Universidade do Estado do Rio de Janeiro (UERJ). Doutor e mestre em Direito pela Universidade Veiga de Almeida (UVA). Advogado. Atualmente é pesquisador do Núcleo de Pesquisa em Políticas Públicas e Acesso à Justiça (NUPEPAJ) na Escola de Magistratura do Estado do Rio de Janeiro (Emerj) e pesquisador vinculado ao Instituto Comparado de Administração de Conflitos (INCT-InEAC) da Universidade Federal Fluminense (UFF). É professor substituto na Universidade Federal do Estado do Rio de Janeiro (UNIRIO).

ROGÉRIO RENZETTI
Doutor e mestre em Direito. Especialista em Direito e Processo do Trabalho pela Escola de Magistratura da Justiça do Trabalho no Estado do Rio de Janeiro, oficialmente chamada de Escola Judicial do Tribunal Regional do Trabalho da 1ª Região (EJUD1). Bacharel em Direito. Advogado. Master em Programação Neurolinguística (PNL). Professor do curso de Ciências Jurídicas no Centro Universitário IBMR (Grupo Ânima). Advogado orientador do Núcleo de Proteção Jurídico Social e Apoio Psicológico (NPJ) e professor no Centro Universitário Mauricio de Nassau (UNINASSAU-RJ). Professor do curso de graduação em Direito da Universidade Veiga de Almeida (UVA). Professor em cursos preparatórios para concursos públicos na área jurídica, preparatórios para o Exame de Ordem dos Advogados do Brasil (OAB), de pós-graduação e prática para advogados na modalidade presencial e online.

SUMÁRIO

INTRODUÇÃO 9

1. CONCEITO E FONTES DO DIREITO DO TRABALHO 11
   1.1 Evolução do direito do trabalho no Brasil 11
      1.1.1 Contexto Histórico 12
   1.2 Legislação Inicial 13
   1.3 Definição do Direito do Trabalho 14
   1.4 Mudanças e Reformas 16
   1.5 Fontes: Constituição, CLT, Convenções e Acordos Coletivos 19
   1.6 Normas Internacionais e outras Fontes 21

2. PRINCÍPIOS DO DIREITO DO TRABALHO 24
   2.1 Princípio da Proteção 24
      2.1.1 Princípio *In Dubio Pro Operario* 25
      2.1.2 Princípio da Norma mais Favorável 25
      2.1.3 Condição mais Benéfica 26
   2.2 Princípio da Primazia da Realidade 28
   2.3 Princípio da Indisponibilidade dos Direitos Trabalhistas 29

3. RELAÇÃO DE EMPREGO 33
   3.1 Elementos Essenciais da Relação de Emprego 35
      3.1.1 Onerosidade 35
      3.1.2 Habitualidade (Não eventualidade) 38
      3.1.3 Pessoalidade 40
      3.1.4 Subordinação 42
   3.2 Distinção entre Relação de Emprego e outras Formas de Trabalho 44

4. CONTRATO DE TRABALHO 47
   4.1 Características do Contrato de Trabalho 49
      4.1.1 Continuidade 49
      4.1.2 Formalidade 50
      4.1.3 Flexibilidade 52
      4.1.4 Exclusividade 54
   4.2 Espécies de Contrato de Trabalho (Determinado
   e Indeterminado) 54
      4.2.1 Determinado 54
      4.2.2 Indeterminado 58
   4.3 Alterações no Contrato de Trabalho *(Jus Variandi)* 60

5. JORNADA DE TRABALHO E INTERVALOS 64
   5.1 Limites da Jornada de Trabalho 64
   5.2 Intervalos Intrajornada e Interjornada 66
   5.3 Horas Extras e Banco de Horas 69
      5.3.1 Banco de Horas 71

6. REMUNERAÇÃO E SALÁRIO 74
   6.1 Formas de Pagamento 76
   6.2 Salário-Mínimo e Piso Salarial 79
   6.3 Adicionais 86
      6.3.1 Insalubridade 87
      6.3.2 Periculosidade 89
      6.3.3 Noturno 93

7. FÉRIAS E DESCANSO SEMANAL REMUNERADO 99
   7.1 Direito às Férias: Regras e Períodos 99
   7.2 Descanso Semanal Remunerado 103

8. SEGURANÇA E SAÚDE NO TRABALHO 106
   8.1 Normas Regulamentadoras 106
   8.2 Obrigações do Empregador Quanto à Segurança 109
   8.3 Acidente de Trabalho e Doença Ocupacional 112

9. ESTABILIDADE E GARANTIAS DE EMPREGO 116
9.1 Estabilidades Provisórias 116
9.2 Despedida sem Justa Causa e suas Consequências 120
9.3 Rescisão Indireta 124

10. MODALIDADES DE PRESTAÇÃO DE SERVIÇO 129
10.1 Pelo Regimento da CLT 129
10.2 Trabalho Autônomo 134
10.3 Trabalho Eventual 135
10.4 Trabalho Avulso 135

REFERÊNCIA BIBLIOGRÁFICAS 138

INTRODUÇÃO

O DIREITO MATERIAL DO Trabalho, também conhecido como Direito Individual do Trabalho, é o ramo do direito responsável pela regulamentação das relações jurídicas entre empregados e empregadores. Ele trata das normas que estabelecem direitos e deveres para ambas as partes, com o objetivo de promover a proteção ao trabalhador, historicamente considerado a parte mais vulnerável dessa relação.

A evolução histórica do Direito do Trabalho está intrinsecamente ligada ao desenvolvimento da sociedade industrial. Conforme o trabalho assalariado tornou-se mais comum, especialmente após a Revolução Industrial, surgiram a necessidade e a urgência de regulamentações que pudessem limitar abusos e garantir direitos mínimos aos trabalhadores. A partir dessas demandas sociais, os Estados começaram a instituir legislações trabalhistas que regulam não apenas a forma de prestação de serviços, mas também aspectos fundamentais como jornada de trabalho, salário, segurança e saúde no ambiente de trabalho.

O conceito de trabalho, etimologicamente, deriva do termo *latino tripalium*, que era um instrumento de tortura utilizado no Império Romano. No entanto, com o tempo, o sentido da palavra foi evoluindo até adquirir a conotação atual de "atividade produtiva", ou seja, o exercício de uma atividade física ou mental destinada a um fim econômico ou social. Dentro do Direito do Trabalho, há diferentes correntes sobre o conceito de trabalho.

A corrente subjetivista, por exemplo, foca nos sujeitos das relações de trabalho, enquanto a corrente objetivista se preocupa com o objeto do trabalho. Há também a teoria mista, que combina elementos dessas duas abordagens, sendo esta última a mais adotada.

Um dos princípios fundamentais que orientam o Direito Material do Trabalho é o da proteção ao trabalhador. Esse princípio é a base de várias normas que buscam equilibrar a desigualdade de poder entre empregador e empregado. A CLT (Consolidação das Leis do Trabalho), por exemplo, prevê uma série de proteções, como direito a férias, limites de jornada, intervalos para descanso e adicionais por condições de trabalho insalubre ou perigoso.

Outro aspecto relevante é a função social do trabalho, consagrada na Constituição Federal de 1988 (CF/1988). O trabalho é visto não apenas como um meio de subsistência, mas também como um instrumento de dignidade humana. A Constituição brasileira, em seu art. 7º, prevê um extenso rol de direitos sociais que visam garantir ao trabalhador condições dignas de trabalho, incluindo salário-mínimo, repouso semanal remunerado, licenças-maternidade e paternidade, entre outros.

Em suma, o Direito Material do Trabalho visa proteger o trabalhador ao regular as condições mínimas para o exercício do trabalho subordinado, promovendo justiça social e minimizando as desigualdades estruturais que caracterizam a relação entre capital e trabalho.

Nesse sentido, a professora Vólia Bomfim Cassar (2022, p. 3) nos ensina:

> Se no passado o trabalho tinha conotação de tortura, atualmente significa toda energia física ou intelectual empregada pelo homem com finalidade produtiva. Todavia, nem toda atividade humana produtiva constitui objeto do Direito do Trabalho, pois somente a feita em favor de terceiros interessa ao nosso estudo e não a energia despendida para si próprio. Trabalho pressupõe ação, emissão de energia, desprendimento e despendimento de energia humana, física e mental, com o objetivo de atingir algum resultado.

Sendo esse, portanto, o mote do direito laboral durante todos os anos.

1 CONCEITO E FONTES DO DIREITO DO TRABALHO

1.1 Evolução do direito do trabalho no Brasil

O **Direito do Trabalho** no Brasil começou a se estruturar no início do século XX, em um contexto de crescente **industrialização e urbanização**, especialmente nas principais cidades, como São Paulo e Rio de Janeiro. Esse cenário de modernização do país foi impulsionado pela chegada de novas indústrias e tecnologias, que transformaram radicalmente a economia e a sociedade. Contudo, essa transição para uma economia mais industrializada também expôs uma realidade alarmante: muitos trabalhadores enfrentavam condições precárias nas fábricas e nos centros urbanos.

As jornadas de trabalho eram exaustivas, os ambientes de trabalho, frequentemente insalubres, e a remuneração, inadequada, refletia a exploração desenfreada da mão de obra. A ausência de proteção jurídica deixava os trabalhadores vulneráveis, sem garantias mínimas para sua dignidade e bem-estar. Nesse contexto, o desenvolvimento do Direito do Trabalho surgiu como uma resposta necessária e urgente à exploração desmedida enfrentada por essa nova classe trabalhadora.

Os **movimentos sociais** e as **greves operárias** emergiram como formas de resistência, pressionando o Estado a criar mecanismos de proteção aos direitos dos trabalhadores. Essa mobilização foi inspirada em legislações que haviam surgido em outros países, como a Inglaterra e a França, onde a luta por direitos trabalhistas já estava mais avançada. Assim, as ideias de proteção e regulamentação do trabalho começaram a ganhar força no debate público brasileiro, impulsionando a necessidade de legislações que garantissem direitos fundamentais.

A evolução do Direito do Trabalho no Brasil é, portanto, marcada por um complexo conjunto de transformações sociais, políticas e econômicas. Desde o período colonial, as relações de trabalho foram moldadas por estruturas de poder que priorizavam a exploração da mão de obra, sendo a **escravidão** um exemplo extremo desse paradigma. Com a abolição da escravidão em 1888, o Brasil se viu diante da necessidade de regulamentar as relações laborais de maneira mais estruturada, uma vez que a antiga dinâmica de exploração havia sido desmantelada.

Durante a **Primeira República** (1889-1930), a relação entre patrões e empregados era caracterizada por uma profunda desigualdade, resultante da falta de normas que garantissem direitos mínimos aos trabalhadores. A ausência de proteção jurídica não apenas perpetuava a exploração, mas também alimentava tensões sociais. No entanto, o surgimento de movimentos operários e a crescente pressão social por melhores condições de trabalho trouxeram à tona a urgência de uma legislação específica que abordasse essas desigualdades e protegesse os direitos dos trabalhadores.

Portanto, a história do Direito do Trabalho no Brasil é uma narrativa de luta e resistência, na qual os trabalhadores, ao longo do tempo, conquistaram direitos fundamentais por meio de sua mobilização e organização. O reconhecimento da dignidade do trabalhador e a busca por condições justas de trabalho são pilares centrais dessa evolução, refletindo não apenas uma transformação legal, mas uma mudança cultural na percepção do trabalho e da importância do trabalhador na sociedade.

1.1.1 Contexto Histórico

A CLT, instituída em 1943, sob a liderança de Getúlio Vargas, é um marco fundamental para o Direito do Trabalho no Brasil, centralizando e sistematizando uma série de normas que buscavam garantir direitos essenciais aos trabalhadores. Antes da CLT, as leis trabalhistas eram dispersas e focadas em setores específicos, o que refletia a gradual evolução do trabalho como um direito protegido no Brasil. A promulgação da CLT não apenas consolidou diversas disposições, mas também assegurou direitos importantes, como a limitação da jornada de trabalho, as férias remuneradas, o descanso semanal remunerado e as proteções contra demissões arbitrárias.

A criação da Justiça do Trabalho em 1946 foi outro pilar importante, oferecendo um órgão específico para mediar conflitos e assegurar a aplicação da legislação trabalhista. Esse avanço se consolidou no período pós-Estado Novo, quando o país estava se reorganizando institucionalmente, e a Justiça do Trabalho passou a exercer papel fundamental na mediação de disputas e no fortalecimento das relações laborais.

Desde então, o Direito do Trabalho no Brasil tem evoluído em resposta a contextos históricos e econômicos. A CF/1988 ampliou os direitos trabalhistas, promovendo uma visão de trabalho como direito social e de dignidade humana. Com a entrada no século XXI, novas mudanças visaram flexibilizar as relações de trabalho, adaptando-as a um mercado mais globalizado e competitivo, culminando em reformas significativas, como a de 2017, que modificou a CLT e intensificou o papel dos acordos coletivos, enquanto mantinha princípios fundamentais que estruturam a legislação laboral no Brasil.

1.2 Legislação Inicial

Ao longo das décadas, o **Direito do Trabalho** brasileiro passou por uma série de reformas, impulsionadas tanto por pressões sociais quanto por transformações econômicas que exigiam maior flexibilidade nas relações laborais. Especialmente nas últimas décadas do século XX e no início do século XXI, as mudanças legislativas buscaram adaptar a legislação às novas realidades do mercado de trabalho e ao cenário econômico global em constante evolução.

Um marco fundamental na legislação trabalhista brasileira foi a criação da CLT, em 1943, sob o governo de **Getúlio Vargas**. A CLT foi uma resposta às reivindicações dos trabalhadores e refletiu a influência dos ideais sociais da época, buscando proteger os direitos dos empregados e promover a justiça social.

Essa legislação estabeleceu uma série de direitos fundamentais, incluindo férias, 13º salário, jornada de trabalho e proteção contra demissões arbitrárias. Esses avanços legislativos foram essenciais para a consolidação de um arcabouço jurídico que visa equilibrar as relações entre patrões e empregados, promovendo um ambiente de trabalho mais justo e digno para todos.

A **Reforma Trabalhista de 2017** (Lei nº 13.467/2017) representa um marco significativo na legislação trabalhista brasileira, alterando mais de 100 dispositivos da CLT. Essa reforma foi concebida com o objetivo de modernizar o mercado de trabalho, flexibilizando as relações entre empregados e empregadores, além de aumentar a competitividade das empresas. Entre as principais mudanças, destacam-se a prevalência do negociado sobre o legislado, a regulamentação do trabalho intermitente, **criação da figura do trabalhador hiperssuficiente** e de novas diretrizes para o teletrabalho. Essa busca por flexibilidade reflete a necessidade de o Brasil se alinhar às dinâmicas globais do trabalho, permitindo um ambiente mais ágil e adaptável.

Apesar das mudanças trazidas pela reforma, a evolução do Direito do Trabalho no Brasil continua a ser marcada pela consolidação de **princípios fundamentais**, como a proteção ao trabalhador, a dignidade da pessoa humana e a busca por condições de trabalho justas e equitativas. Esses princípios são essenciais para garantir que as relações laborais sejam desenvolvidas de maneira equilibrada, respeitando os direitos dos trabalhadores e, ao mesmo tempo, levando em conta as necessidades e os interesses dos empregadores. Essa dualidade é crucial para a construção de um ambiente de trabalho saudável e produtivo.

Outro princípio importante que permeia a interpretação das leis trabalhistas é o da **primazia da realidade**. Este princípio estabelece que, em casos de divergência entre o contrato formal e a realidade prática das relações de trabalho, deve prevalecer a realidade vivida pelo trabalhador. Essa abordagem visa proteger o trabalhador contra abusos e garantir que suas condições de trabalho sejam consideradas em sua totalidade, indo além das disposições contratuais formais.

Em resumo, a evolução do Direito do Trabalho no Brasil reflete as transformações sociais, econômicas e políticas do país. Desde o início do século XX até os dias atuais, as leis trabalhistas continuam a se adaptar às novas realidades do mercado de trabalho, sempre buscando um equilíbrio entre os interesses de trabalhadores e empregadores. O desafio para o futuro será garantir que essa evolução continue a proporcionar proteção e segurança aos trabalhadores, ao mesmo tempo que permite flexibilidade e inovação nas relações de trabalho.

1.3 Definição do Direito do Trabalho

O Direito do Trabalho é um ramo do Direito que se dedica a regular as relações entre empregados e empregadores, com o objetivo de equilibrar essas relações, oferecendo proteção jurídica aos trabalhadores, que, tradicionalmente, ocupam uma posição de vulnerabilidade frente ao poder econômico do empregador. Esse ramo jurídico surge, principalmente, como resposta às condições de exploração vividas por trabalhadores ao longo dos séculos, especialmente após o advento da Revolução Industrial.

Ao conceituar o Direito do Trabalho, é fundamental destacar a sua evolução ao longo da história. Como pontua Carlos Henrique Bezerra Leite (2019, p. 16), o Direito do Trabalho não se trata de qualquer tipo de atividade humana, mas, sim, daquelas atividades prestadas de forma subordinada, não eventual e mediante remuneração:

> Finalmente, Direito do Trabalho é a denominação mais aceita – apesar de ter sentido mais amplo do que efetivamente representa –, por melhor corresponder ao objeto (relação de trabalho subordinado) e aos fins da disciplina (distinção socioeconômica fundamental entre trabalhador e empregador e promoção da proteção legal da relação jurídica empregatícia e pacificação dos conflitos emergentes das forças do capital e do trabalho).

Essas características definem o que chamamos de relação de emprego (art. 2º e 3º, CLT), em contraste com o trabalho autônomo (art. 442-B, CLT). Dessa forma, o Direito do Trabalho foca especificamente nas relações de trabalho assalariado, regulando, por exemplo, jornada de trabalho, salário, férias, segurança no trabalho, e demais aspectos que envolvem a prestação de serviços por conta alheia.

A definição do Direito do Trabalho também está intrinsecamente ligada à ideia de proteção. Como menciona Evaristo de Moraes Filho (1991, p. 58), o Direito do Trabalho surgiu a partir da necessidade de proteção do trabalhador frente à exploração.

Essa ideia de que o trabalho está inerentemente ligado à exploração destaca as lutas fundamentais enfrentadas pelos trabalhadores no contexto do desenvolvimento dos direitos trabalhistas, tornando-a particularmente relevante quando se discute a evolução histórica das leis trabalhistas no Brasil e em outros lugares.

Historicamente, o trabalho era visto como uma atividade degradante e oprimida, especialmente nas fases iniciais da civilização, onde a mão de obra escrava era amplamente utilizada. Com o tempo, a relação de trabalho foi se transformando, deixando de ser uma mera obrigação imposta, para se tornar um direito e um dever humano, protegido por legislações específicas, como a CLT, no Brasil.

O Direito do Trabalho é, portanto, um ramo que reflete o reconhecimento de que o trabalhador, enquanto ser humano, possui direitos fundamentais que precisam ser preservados. Esses direitos estão garantidos na CF/1988, que consagra a proteção ao trabalhador como um dos pilares do Estado Democrático de Direito. No âmbito internacional, o trabalho também é reconhecido como um direito humano fundamental, conforme consagrado na Declaração Universal dos Direitos Humanos e em diversos tratados internacionais, como o Pacto Internacional sobre Direitos Econômicos, Sociais e Culturais.

A complexidade do Direito do Trabalho reside também no fato de que ele abrange tanto relações individuais quanto coletivas de trabalho. Enquanto as relações individuais regulam o vínculo direto entre empregador e empregado, as relações coletivas lidam com questões como o direito de greve, a negociação coletiva, e a formação de sindicatos. Ambos os aspectos são fundamentais para garantir um equilíbrio nas relações laborais, permitindo que o trabalhador tenha voz ativa na defesa de seus interesses.

Em síntese, o Direito do Trabalho não apenas disciplina as relações entre capital e trabalho, mas busca concretizar a dignidade da pessoa humana no ambiente de trabalho. Sua função principal é proporcionar um sistema jurídico que corrija as desigualdades inerentes a essa relação, garantindo que os trabalhadores tenham condições justas e dignas para exercer suas atividades, e que seus direitos sejam respeitados, mesmo diante das crescentes transformações do mercado de trabalho.

1.4 Mudanças e Reformas

A evolução do Direito do Trabalho no Brasil reflete um processo contínuo de adaptação às transformações econômicas e sociais do país. Desde o período colonial até a atualidade, o Direito do Trabalho passou por diversas mudanças, impulsionadas por diferentes contextos históricos, como a abolição da escravatura, a industrialização, a urbanização e, mais recentemente, a globalização e as novas formas de organização produtiva.

O marco inicial do Direito do Trabalho no Brasil pode ser identificado após a abolição da escravatura, em 1888. Com o fim da escravidão, a sociedade brasileira precisou estruturar novas formas de organização do trabalho, uma vez que a mão de obra livre passou a exigir uma regulamentação mais clara para lidar com as demandas da economia em crescimento. A Primeira República (1889-1930) foi um período marcado pela ausência de legislação trabalhista abrangente, embora algumas normas setoriais tenham sido criadas, como o Decreto nº 1.162, de 1890, que garantiu a liberdade de trabalho, e o Decreto nº 1.313, de 1891, que fixou a duração do trabalho para menores.

No entanto, foi apenas no início do século XX que as primeiras leis trabalhistas chegaram a surgir, principalmente motivadas por greves operárias e por pressões sociais por melhores condições de trabalho. Durante esse período, a estrutura sindical também começou a ganhar forma, com a regulamentação da sindicalização e a criação de leis específicas para setores como o trabalho rural e o trabalho industrial.

O grande marco na evolução do Direito do Trabalho no Brasil foi a criação da CLT, em 1º de maio de 1943, durante o governo de Getúlio Vargas. A CLT foi uma resposta às reivindicações dos trabalhadores, que vinham organizando melhores movimentos grevistas e exigindo condições de trabalho desde o início do século XX. Essa legislação representa um avanço significativo na proteção dos direitos dos trabalhadores e na formalização das relações de trabalho.

A CLT consolidou diversas normas trabalhistas que já existiam e distribuíram novas garantias para os trabalhadores, como o regulamento da jornada de trabalho, as férias anuais remuneradas, o descanso semanal remunerado e a proteção contra a demissão imotivada.

Além disso, a CLT distribuiu a Justiça do Trabalho, que se tornou o principal órgão responsável pela mediação e pelo julgamento de conflitos laborais. A partir da promulgação da CLT, o Direito do Trabalho no Brasil passou por algumas mudanças significativas nas décadas seguintes. Durante o período de 1943 a 1980, as reformas trabalhistas foram pontuais, focadas principalmente na adaptação da legislação às novas demandas econômicas e sociais, como a criação do **Fundo de Garantia por Tempo de Serviço (FGTS), em 1966, e o 13º salário, em 1962.**

A CF/1988 representou outro marco importante na evolução do Direito do Trabalho. Considerada uma Constituição social, ela ampliou os direitos trabalhistas, garantindo, por exemplo, o direito de greve, a licença-maternidade de 120 dias e a proteção ao mercado de trabalho da mulher. A Constituição também dinamizou a ideia de um "mínimo existencial", ou seja, o conjunto de direitos sociais que todo trabalhador deve ter garantido.

Além disso, a CF/1988 deu maior ênfase aos princípios da dignidade da pessoa humana e da valorização do trabalho, estabelecendo a função social das empresas e a necessidade de harmonização entre os interesses do capital e do trabalho. Esses princípios se tornaram a base para futuras reformas trabalhistas.

Com a entrada do século XXI, as mudanças no mercado de trabalho e a globalização crescente levaram a novas discussões sobre a flexibilização das relações laborais. O objetivo dessas reformas era modernizar a legislação trabalhista, adaptando-a às novas realidades do mundo do trabalho, como a terceirização, o teletrabalho e a necessidade de maior competitividade das empresas.

A primeira grande mudança veio com a Lei nº 9.601/1998, que mudou o contrato por prazo determinado e o banco de horas, flexibilizando as formas de contratação e a jornada de trabalho. Essa reforma foi um reflexo das pressões para maior flexibilização do mercado de trabalho, que já vinha sendo discutida desde o final dos anos 1980. A Lei nº 12.506/2011, que regulamentou o aviso-prévio proporcional, e a Lei nº 12.619/2012, que tratou da regulamentação da profissão de motorista, também são exemplos de legislações que surgiram para responder às novas demandas do mercado.

No entanto, a reforma trabalhista mais abrangente do século XXI foi a Lei nº 13.467/2017, conhecida como Reforma Trabalhista. Essa reforma trouxe mudanças estruturais na CLT, alterando mais de 100 artigos e impactando profundamente as relações de trabalho no Brasil.

Entre as principais alterações trazidas pela Reforma Trabalhista de 2017, destaca-se a **prevalência do negociado sobre o legislado**. A reforma permitiu que convenções e os acordos coletivos prevaleçam sobre a legislação em diversos pontos, como jornada de trabalho, banco de horas e intervalo intrajornada. Isso trouxe maior flexibilidade para as negociações entre trabalhadores e empregadores, estabelecendo a função social das empresas e a necessidade de harmonização entre os interesses do capital e do trabalho.

Esses princípios se tornaram a base para futuras reformas trabalhistas. Com a entrada do século XXI, as mudanças no mercado de trabalho e a globalização crescente levaram a novas discussões sobre a flexibilização das relações laborais. O objetivo dessas reformas era modernizar a legislação trabalhista, adaptando-a às novas realidades do mundo do trabalho, como a terceirização, o teletrabalho e a necessidade de maior competitividade das empresas.

A primeira grande mudança veio com a Lei nº 9.601/1998, que mudou o contrato por prazo determinado e o banco de horas, flexibilizando as formas de contratação e a jornada de trabalho. Essa reforma foi um reflexo das pressões para maior flexibilização do mercado de trabalho, que já vinha sendo discutida desde o final dos anos 1980. A Lei nº 12.506/2011, que regulamentou o aviso-prévio proporcional, e a Lei nº 12.619/2012, que tratou da regulamentação da profissão de motorista, também são exemplos de legislações que surgiram para responder às novas demandas do mercado.

No entanto, a Reforma Trabalhista de 2017 trouxe várias mudanças estruturais na CLT, alterando mais de 100 artigos e impactando profundamente as relações de trabalho no Brasil.

Em suma, a evolução do Direito do Trabalho no Brasil é um reflexo das interações entre as mudanças sociais, econômicas e políticas ao longo da história. Desde a CLT até as reformas mais recentes, cada etapa desse processo revela a luta contínua pelos direitos e a proteção social dos trabalhadores, ao mesmo tempo que busca atender às demandas do mercado em constante transformação.

As reformas, especialmente as de 2017, levantam questões cruciais sobre a necessidade de um equilíbrio entre a proteção dos direitos dos trabalhadores e a facilidade de uso por um ambiente econômico globalizado. O desafio atual é encontrar um modelo de regulação que promova a justiça social, garantindo que todos os trabalhadores, independentemente de sua forma de contratação, tenham acesso a condições de trabalho dignas e a uma rede de proteção que garanta seus direitos fundamentais. A busca por esse equilíbrio será essencial para a construção de um futuro em que o trabalho humano seja sempre valorizado e respeitado.

1.5 Fontes: Constituição, CLT, Convenções e Acordos Coletivos

As fontes do **Direito do Trabalho** são fundamentais para a sua aplicação e interpretação, pois delineiam os direitos e devem ser tanto dos trabalhadores quanto dos empregadores. A **CF/1988** é a fonte primária do Direito do Trabalho no Brasil, estabelecendo princípios e garantias fundamentais que servem de base para toda a legislação trabalhista. O art. 7º da CF/1988 lista os direitos dos trabalhadores, incluindo a jornada de trabalho limitada a **44 horas semanais**, as férias anuais remuneradas, a proteção contra despedida arbitrária, as licenças-maternidade e paternidade, e a garantia de um salário-mínimo.

Esses direitos asseguram uma proteção mínima aos trabalhadores e estabelecem um padrão a ser seguido por todas as leis e pelas leis trabalhistas que venham a ser criadas. Além disso, a Constituição promove a valorização do trabalho humano e estabelece a função social das empresas, enfatizando a necessidade de uma harmonização entre os interesses do capital e do trabalho.

A **CLT**, promulgada em 1943, é a segunda fonte mais importante do Direito do Trabalho. Ela reúne e sistematiza uma série de normas que regulam as relações de trabalho no Brasil. A CLT não apenas codifica os direitos já existentes, mas também introduz novas garantias para os trabalhadores. Entre suas principais características, destacam-se a regulamentação das relações individuais de trabalho, a criação de direitos coletivos, como a organização sindical e o direito à greve, e a definição de normas processuais para a Justiça do Trabalho, que é o órgão responsável por dirimir conflitos trabalhistas.

A CLT, portanto, não é apenas uma compilação de normas, mas um conjunto de regras que visam promover a proteção do trabalhador e garantir a justiça nas relações trabalhistas.

As **convenções e os acordos coletivos** são fontes importantes do Direito do Trabalho, pois permitem que trabalhadores e empregadores negociem diretamente as condições de trabalho. Essas negociações são realizadas entre os sindicatos representativos dos trabalhadores e as empresas ou suas associações.

Esses instrumentos normativos, portanto, devem ser celebrados nos limites estritos do próprio texto constitucional, razão pela qual não podem, por exemplo, estabelecer piso salarial inferior ao salário-mínimo ou determinar jornada de trabalho exaustiva. Vale ressaltar que o princípio do reconhecimento das convenções e acordos coletivos deve estar alinhado com os demais princípios constitucionais, especialmente aquele previsto no *caput* do art. 7º da própria CF.

As convenções coletivas estabelecem direitos e devem ser de forma mais ampla, aplicando-se a todos os trabalhadores de uma determinada categoria, enquanto os acordos coletivos são negociados diretamente entre um sindicato e uma empresa, podendo estabelecer condições específicas para essa empresa. Esses instrumentos são fundamentais para a adaptação da legislação às realidades locais e setoriais, permitindo que as partes envolvidas ajustem as normas às suas necessidades específicas, respeitando, ao mesmo tempo, os direitos fundamentais garantidos pela CF e pela CLT.

Por fim, as **normas internacionais** desempenham um papel crucial no Direito do Trabalho brasileiro. O Brasil é signatário de diversos tratados e convenções da **Organização Internacional do Trabalho (OIT)**, que estabelecem padrões mínimos de direitos trabalhistas. Essas normas internacionais são fundamentais para garantir a proteção dos trabalhadores em um contexto globalizado, pois promovem direitos essenciais como a erradicação do trabalho infantil, a igualdade de oportunidades e a segurança no trabalho. A ratificação dessas convenções pela OIT implica um compromisso do Brasil em cumprir e implementar as diretrizes determinadas, reforçando a importância do Direito do Trabalho como um mecanismo de proteção social.

> A OIT, agência especializada da Organização das Nações Unidas (ONU), tem a missão de garantir oportunidades de trabalho digno e produtivo para todos. Criada logo após a Primeira Guerra Mundial, em 1919, a OIT é uma das mais antigas instituições internacionais em atuação contínua.

Em suma, as fontes do Direito do Trabalho no Brasil são diversas e interligadas, refletindo a complexidade das relações laborais.

A CF, a CLT, as convenções e acordos coletivos, e as normas internacionais compõem um sistema que visa proteger os direitos dos trabalhadores e promover relações de trabalho justas e equitativas. Essa diversidade de fontes não apenas garante a proteção dos direitos trabalhistas, mas também permite a adaptação da legislação às necessidades e aos desafios de um mercado de trabalho em constante transformação.

1.6 Normas Internacionais e outras Fontes

As normas internacionais desempenham um papel crucial na formação e evolução do **Direito do Trabalho** no Brasil. O Brasil é signatário de diversas convenções da **OIT**, que estabelecem padrões mínimos de proteção aos trabalhadores em diversos aspectos. Essas normas internacionais não refletem apenas as melhores práticas trabalhistas globais, mas também excluem que os países que, ao ratificarem, implementem legislações nacionais que respeitem os direitos fundamentais dos trabalhadores.

Entre as convenções mais relevantes ratificadas pelo Brasil, destacam-se a **Convenção 87**, que, segundo Carlos Henrique Bezerra Leite (2019,

p. 1157), versa sobre liberdade sindical e proteção do direito de associação. A seguir, um de seus fundamentos que revelam o espírito que baseia o seu conteúdo:

> Considerando que o preâmbulo da Constituição da Organização Internacional do Trabalho enuncia, entre os meios suscetíveis de melhorar as condições de trabalho e de garantir a paz, a afirmação do princípio da liberdade sindical. Considerando que a Declaração de Filadélfia proclamou novamente que a liberdade de expressão e de associação é essencial para o progresso 1153 constante...

Ressalta o autor que a diferença basilar entre as Convenções 98 e 87 reside no fato de que esta protege a liberdade sindical dos trabalhadores e empregadores contra ingerências ilegais ou abusivas do poder público; ao passo que aquela protege os trabalhadores contra atos de ingerência ou de discriminação antissíndica por parte dos empregadores.

As normas internacionais têm um impacto significativo na legislação trabalhista nacional. Embora as convenções da OIT não tenham o mesmo *status* que a Constituição, elas servem como diretrizes para a criação e a interpretação das leis trabalhistas. A incorporação desses princípios internacionais no ordenamento jurídico brasileiro reforça o compromisso do país com a proteção dos direitos humanos e a promoção de condições de trabalho dignas.

Além das normas internacionais, outras fontes do Direito do Trabalho incluem **tratados bilaterais** e **multilaterais** que estabelecem obrigações entre países em relação aos direitos trabalhistas. Tais tratados abordam questões como o combate ao trabalho infantil, a discriminação e a proteção dos direitos dos migrantes, refletindo a necessidade de um padrão global na proteção dos trabalhadores.

A documentação também se destaca como uma fonte importante do Direito do Trabalho. As decisões proferidas pelos tribunais, especialmente pelo **Tribunal Superior do Trabalho (TST)**, são importantes para a interpretação e aplicação das normas trabalhistas, moldando a prática jurídica e estabelecendo considerações que podem influenciar futuros casos. A interpretação da legislação à luz dos princípios constitucionais e das normas internacionais é fundamental para garantir a eficácia dos direitos trabalhistas.

Além disso, a doutrina, composta pelas opiniões e pelos estudos de juristas e especialistas na área, também desempenha um papel relevante na formação do Direito do Trabalho. Os estudos acadêmicos e as análises de especialistas ajudam a esclarecer e debater temas complexos, oferecendo interpretações que podem orientar a aplicação das leis e as influências a futuras reformas legislativas.

Em resumo, as normas internacionais, juntamente com outras fontes como tratadas, investigações e doutrina, são essenciais para a construção e a evolução do Direito do Trabalho no Brasil.

Essas fontes não apenas garantem a proteção dos direitos dos trabalhadores, mas também promovem um ambiente de trabalho que respeita a dignidade humana e os princípios de justiça social. A interação entre o direito nacional e as normas internacionais é fundamental para que o Brasil continue a avançar na proteção dos direitos trabalhistas, alinhando-se às melhores práticas globais e às expectativas da sociedade contemporânea.

Por último, cabe dizer que, classicamente, as fontes de direito do trabalho também se classificam em autônomas e heterônomas, dependendo de quem produz a norma jurídica. As fontes autônomas são aquelas criadas pelos próprios destinatários da norma, como acordos coletivos de trabalho. Já as fontes heterônomas são aquelas criadas por um terceiro, geralmente o Estado, como leis ou decretos.

2 PRINCÍPIOS DO DIREITO DO TRABALHO

2.1 Princípio da Proteção

O PRINCÍPIO DA PROTEÇÃO é o fundamento essencial do Direito do Trabalho, orientado para equilibrar as desigualdades inerentes à relação entre empregador e empregado. Reconhecendo a posição de vulnerabilidade econômica e social do trabalhador, o Direito do Trabalho utiliza esse princípio para conferir maior segurança jurídica e social ao empregado, estabelecendo um padrão de proteção e dignidade na relação de trabalho.

Nesse contexto, Luciano Martinez (2018, p. 120) ensina:

> Diante essas relações, a atuação estatal esperada é exatamente a de não privilegiar um contratante em detrimento de outro. Esse figurino contratual, entretanto, não pode ser conservado quando evidente a dessemelhança de forças ou de oportunidades entre os sujeitos das relações contratuais. Em tais hipóteses, cabe ao Estado criar mecanismo de proteção aos vulneráveis, sob pena de compactuar com a exploração do mais forte sobre o mais fraco.

Esse princípio centraliza a função tutelar do Direito do Trabalho, dividindo-se em três subprincípios: o *in dubio pro operario*, a norma mais favorável e a condição mais benéfica. Esses subprincípios aplicam-se tanto na interpretação das normas quanto na aplicação das condições de trabalho, sempre em benefício do empregado, considerando que sua posição de dependência econômica e social em relação ao empregador limita sua capacidade de negociação.

2.1.1 Princípio *In Dubio Pro Operario*

O subprincípio *in dubio pro operario* refere-se à interpretação da norma trabalhista em favor do trabalhador. Esse princípio orienta o intérprete a optar pela interpretação mais favorável ao trabalhador quando uma única norma possibilita mais de uma interpretação. Esse critério de interpretação é especialmente relevante em situações em que o texto da norma não é suficientemente claro e pode ser entendido de várias formas.

Por exemplo, no caso do art. 10, II, "b", do Ato das Disposições Constitucionais Transitórias (ADCT), que proíbe a dispensa arbitrária ou sem justa causa da empregada gestante "desde a confirmação da gravidez até cinco meses após o parto", a expressão "desde a confirmação da gravidez" comporta múltiplas interpretações – poderia significar a comunicação da gravidez ao empregador, a apresentação de atestado médico, ou a data da fecundação. Ao adotar o *in dubio pro operario*, a interpretação mais favorável ao trabalhador seria a data da fecundação, ampliando a proteção à empregada gestante.

Esse subprincípio também se aplica em interpretações de normas coletivas, como em decisões do TST, que já reconheceu a aplicação do *in dubio pro operario* em cláusulas de convenções coletivas. Em julgados específicos, o TST aplicou a interpretação mais favorável ao empregado, ressaltando a relevância desse princípio na efetiva proteção dos direitos laborais.

2.1.2 Princípio da Norma mais Favorável

O princípio da norma mais favorável determina que, quando houver mais de uma norma regulando um direito trabalhista, deve-se aplicar a norma que seja mais benéfica ao empregado, independentemente de hierarquia. No Direito do Trabalho, portanto, a norma mais vantajosa ao trabalhador prevalece sobre outras, mesmo que esteja em posição inferior na hierarquia normativa. Esse princípio se relaciona com a "teoria dinâmica da hierarquia das normas", onde, no topo, não necessariamente estará a Constituição, mas, sim, a norma que melhor favoreça o trabalhador.

Por exemplo, se a CF estabelece um adicional de hora extra de no mínimo 50% (art. 7º, XVI), e uma convenção coletiva fixa esse adicional em 100%, então a norma mais favorável, que oferece um adicional de 100%, será a aplicável. Esse princípio é limitado quando envolve normas de ordem pública ou proibitivas, como a vedação da vinculação do salário-mínimo para qualquer fim: arts. 7º, IV, da CF, e 623 da CLT, que considera nulas cláusulas de convenções ou acordos que contrariem normas econômico-financeiras de política governamental.

2.1.3 Condição mais Benéfica

A condição mais benéfica assegura que as condições de trabalho previamente acordadas ou implantadas de forma mais vantajosa para o empregado não podem ser reduzidas ou suprimidas unilateralmente pelo empregador. Essa condição protege o empregado da perda de benefícios que tenham sido oferecidos como condição de trabalho, mesmo que uma nova norma ou situação contratual seja menos favorável.

Esse princípio encontra respaldo na aplicação contínua de normas favoráveis ao trabalhador. Por exemplo, se um empregado possui um benefício de adicional de periculosidade em percentual superior ao mínimo previsto em lei, esse benefício mais vantajoso deve ser preservado em caso de mudança contratual ou negociação coletiva. O princípio da condição mais benéfica visa garantir a manutenção das condições vantajosas ao trabalhador, considerando o histórico de suas condições de trabalho.

Esses subprincípios atuam de forma conjunta para consolidar o princípio da proteção no Direito do Trabalho, assegurando que o trabalhador, em situação de vulnerabilidade, tenha seus direitos preservados e ampliados, sempre que possível, em conformidade com a justiça social e a valorização do trabalho humano.

Além de assegurar uma rede de proteção econômica, o princípio da proteção também se expressa no fortalecimento dos sindicatos e no incentivo à negociação coletiva, permitindo que trabalhadores e empregadores negociem melhores condições de trabalho de acordo com a realidade de cada setor. A proteção, portanto, não é apenas uma garantia de direitos individuais, mas uma promoção da justiça social que beneficia a sociedade como um todo, ao reduzir desigualdades e assegurar que o desenvolvimento econômico ocorra de forma equilibrada e sustentável.

Em suma, o princípio da proteção ao emprego é uma base fundamental do Direito do Trabalho no Brasil, refletido em programas como o PPE e em legislações que buscam garantir a dignidade e a segurança dos trabalhadores, principalmente em tempos de crise. Essa rede de proteção consolidada ao longo das últimas décadas mostra o compromisso do Estado brasileiro com a promoção de condições de trabalho que respeitem a dignidade humana, assegurando que as mudanças no mercado e na economia não sejam justificativas para a precarização das relações de trabalho.

> A **Política de Proteção ao Emprego (PPE)** foi criada para manter empregos em tempos de crise econômica. Ela permite que empresas reduzam temporariamente a jornada e os salários dos trabalhadores em até 30%, com parte da redução sendo compensada pelo governo por meio do Fundo de Amparo ao Trabalhador (FAT). Esse programa incentiva a negociação coletiva e ajuda as empresas a evitarem demissões em massa, promovendo estabilidade para os trabalhadores e suas famílias.

PARA ENTENDER MELHOR, VEJA O ESQUEMA:

Fonte: Elaborado pelos autores, 2024.

2.2 Princípio da Primazia da Realidade

A **primazia da realidade** no Direito do Trabalho é um princípio essencial que sustenta a prevalência dos fatos sobre as formalidades contratuais. Esse princípio se aplica sempre que houver discrepâncias entre o que está formalmente registrado nos documentos e o que ocorre na prática da relação de trabalho. Assim, o que efetivamente acontece durante a prestação de serviços é o que determina os direitos e deveres do trabalhador e do empregador, independentemente do que está no contrato ou na carteira de trabalho (CTPS).

Por exemplo, se a CTPS registra um salário fixo, mas há pagamentos adicionais "por fora" (como comissões), a remuneração real deverá ser considerada para efeitos de cálculo de direitos trabalhistas.

Esse princípio é uma resposta à tendência de certos empregadores que buscam mascarar a relação de emprego real, simulando vínculos de prestação de serviços, com o objetivo de reduzir encargos ou direitos do trabalhador. Dessa forma, a primazia da realidade atua como uma salvaguarda contra fraudes, especialmente quando se observa o art. 9º da CLT:

> **Art. 9º** Serão nulos de pleno direito os atos praticados com o objetivo de **desvirtuar, impedir ou fraudar** a aplicação dos preceitos contidos na presente Consolidação.

Com isso, o Direito do Trabalho dá um peso maior à realidade vivida pelo trabalhador, protegendo-o de abusos e resguardando seus direitos essenciais.

A aplicação da primazia da realidade é especialmente relevante no contexto dos vínculos de trabalho informal, nas terceirizações irregulares e nos acordos que disfarçam a relação empregatícia. Essa diretriz tem papel central ao permitir que, se os elementos fáticos de uma relação de emprego forem constatados – como a subordinação, a pessoalidade, a não eventualidade e a onerosidade –, o vínculo empregatício será reconhecido, mesmo que formalmente não esteja declarado dessa maneira. Como explica Mauricio Godinho Delgado (2018, p. 208), a interpretação jurídica no âmbito trabalhista deve priorizar a prática cotidiana da relação de trabalho em vez das intenções expressas, respeitando o princípio da inalterabilidade contratual lesiva.

Além disso, a primazia da realidade reforça a função social do contrato de trabalho, indo além do documento escrito para abarcar todas as práticas que se consolidam na rotina laboral. Esse princípio, por exemplo, justifica que o empregador, caso permita ou incentive uma prática mais benéfica ao trabalhador ao longo do tempo, não pode mais retirá-la arbitrariamente, visto que ela se incorporou ao contrato como uma condição mais favorável.

Por fim, o princípio da primazia da realidade assegura que, em situações de conflito judicial, os tribunais possam decidir com base na "verdade real" – **isto é, no que realmente ocorre no cotidiano labora**l – e não apenas no que foi formalizado. Essa abordagem torna-se um instrumento poderoso na busca da justiça social e da proteção dos direitos dos trabalhadores, alicerçando o Direito do Trabalho como um campo de garantias efetivas.

2.3 Princípio da Indisponibilidade dos Direitos Trabalhistas

O princípio da indisponibilidade dos direitos trabalhistas sustenta-se no pressuposto de que os direitos dos trabalhadores são inalienáveis, devido tanto à natureza fundamental quanto ao caráter protetivo desses direitos. Esse princípio, essencial no Direito do Trabalho, assegura que o trabalhador não pode renunciar a proteções legais fundamentais, mesmo que por acordo individual, em razão da vulnerabilidade econômica e social inerente à sua posição frente ao empregador. Essa indisponibilidade é reforçada pela CF/1988 e pela CLT, que estabelecem uma rede de proteção que visa impedir que a vontade individual do trabalhador seja utilizada contra ele próprio, em desfavor de sua condição social e econômica.

O princípio desdobra-se em dois níveis: direitos absolutamente indisponíveis, que são inegociáveis sob qualquer circunstância, como salário-mínimo, normas de segurança do trabalho e dispositivos antidiscriminatórios; e direitos relativamente indisponíveis, que, embora permitam alguma flexibilização, têm como premissa a preservação do núcleo essencial do direito. As negociações coletivas de trabalho, por exemplo, podem modular certos direitos, desde que essa flexibilização não comprometa a proteção essencial e que respeite a proporcionalidade, a legalidade e a dignidade do trabalhador, promovendo um ambiente de trabalho seguro e justo.

VEJA O ESQUEMA:

Direitos Trabalhistas	Direitos Trabalhistas	Indisponíveis (Inalienáveis)
Férias	A forma de pagamento das férias pode ser negociada (ex.: fracionamento em até três períodos, conforme a CLT).	O direito às férias remuneradas anualmente não pode ser renunciado pelo trabalhador.
Jornada de Trabalho	Pode haver ajustes de jornada, como banco de horas ou compensação, por acordo coletivo.	A jornada máxima de 44 horas semanais e 8 horas diárias é obrigatória.
Repouso Semanal Remunerado	Em alguns casos, como regime de escala, o dia do descanso pode ser ajustado.	O direito ao descanso semanal remunerado (1 dia a cada 7 dias) é inegociável.
Adicional de Insalubridade/ Periculosidade	O percentual pode ser negociado, desde que respeitado o mínimo legal previsto pela CLT.	O direito ao adicional de insalubridade ou periculosidade, quando aplicável, não pode ser renunciado.
13º Salário	O pagamento pode ser dividido em mais parcelas mediante acordo.	O direito à obtenção do 13º salário é indisponível e não pode ser suprimido.
Salário-Família	O pagamento pode ser dividido em mais parcelas mediante acordo.	O direito à obtenção do 13º salário é indisponível e não pode ser suprimido.

Direitos Trabalhistas	Direitos Trabalhistas	Indisponíveis (Inalienáveis)
Horas Extras	O percentual pode ser aumentado por negociação coletiva.	O pagamento de, no mínimo, 50% a mais sobre a hora normal para horas extras é obrigatório.
Aviso-Prévio	Pode ser trabalhado ou indenizado conforme acordo entre as partes.	O direito ao aviso-prévio proporcional, mínimo de 30 dias, não pode ser renunciado pelo empresário.
Licença-Maternidade/Paternidade	As empresas no Programa Empresa Cidadã podem estender a duração, mediante acordo.	O direito à licença-maternidade (120 dias) e à licença-paternidade (cinco dias) é indisponível e irrenunciável.
Salário-Mínimo	O valor pode ser aumentado por acordos ou convenções coletivas.	Nenhum trabalhador pode receber menos do que o salário-mínimo previsto na lei.

Fonte: Elaborado pelos autores, 2024.

Além disso, a indisponibilidade dos direitos trabalhistas não apenas limita a renúncia voluntária de direitos pelo trabalhador, mas também regula a capacidade de negociação de entidades sindicais e empregadores, garantindo que as condições estabelecidas por meio de convenções e acordos coletivos respeitem o patamar civilizatório mínimo de proteção ao trabalhador.

Este princípio assegura, portanto, que a relação de trabalho, ainda que envolva negociação, se sustente em bases justas e equilibradas, permitindo a adaptação das condições laborais sem o comprometimento dos direitos fundamentais dos trabalhadores.

FIQUE ATENTO!

A negociação de direitos trabalhistas disponíveis exige a concordância expressa do empregado por escrito ou a intermediação de uma convenção ou acordo coletivo, com representação sindical. Esse requisito é fundamental para garantir que o trabalhador esteja confiante e concorde com qualquer alteração em seus direitos, evitando a renúncia tácita ou a pressão indevida.

3 RELAÇÃO DE EMPREGO

Primeiramente, é relevante distinguir entre contrato de trabalho e relação de emprego. Hirosê Pimpão (1960, p. 13) foi o responsável por introduzir o termo "relação de emprego" no Brasil, atribuindo-lhe o sentido de um vínculo específico que surge a partir de um contrato. Segundo sua definição, uma relação de trabalho apenas configuraria uma "relação de fato" quando não se apoia em um contrato formal. Divergindo dessa posição, Délio Maranhão et al. (2005, p. 235) sustentam que o conceito de relação jurídica de trabalho decorre de um contrato de trabalho, mas que se torna uma "relação de emprego" quando há subordinação entre as partes:

VEJA O ESQUEMA:

Critério	Relação de Trabalho	Relação de Emprego
Definição (Hirosê Pimpão)	Vínculo de fato, que não resulta necessariamente de um contrato formal.	Vínculo formal e específico, que decorre de um contrato.
Definição (Délio Maranhão et al.)	Relação jurídica de trabalho, abrangendo qualquer contrato de prestação de serviços.	Relação específica de trabalho com subordinação, surgindo somente quando o contrato estabelece subordinação.
Essencialidade do Contrato	Não é necessário contrato para caracterizar a relação de trabalho.	O contrato é essencial para caracterizar a relação de emprego (*stricto sensu*).

Fonte: Elaborado pelos autores, 2024.

Para Délio, a inexistência de contrato implica uma relação de trabalho no sentido mais amplo, mas não uma relação de emprego. Esse entendimento reforça a perspectiva de que, sem o contrato de trabalho, entendido como um vínculo jurídico particular (*stricto sensu*), a relação de emprego não se caracteriza, conforme estabelecido nos arts. 2º e 3º da CLT.

> **Art. 2º** Considera-se empregadora a empresa, individual ou coletiva, que, assumindo os riscos da atividade econômica, admite, assalaria e dirige a prestação pessoal de serviço.

> **Art. 3º** Considera-se empregada toda pessoa física que prestar serviços de natureza não eventual a empregador, sob a dependência deste e mediante salário.
> **Parágrafo único.** Não haverá distinções relativas à espécie de emprego e à condição de trabalhador, nem entre o trabalho intelectual, técnico e manual.

Por sua vez, Amauri Mascaro Nascimento (1992, p. 269) amplia o conceito, utilizando o termo "relação de emprego" para designar também a relação de trabalho, o contrato de trabalho e o contrato de emprego, preferindo, contudo, a expressão "contrato individual de trabalho", amplamente aceita na doutrina. Ele sustenta que o vínculo de emprego é uma relação jurídica socionormativa de natureza contratual, sendo o contrato a fonte que instaura e regula esse vínculo. Nas palavras do autor, "o contrato de emprego é um complexo autônomo heterônomo", onde a harmonização entre as duas figuras é inevitável, e ambas coexistem como aspectos de uma mesma realidade.

Seguindo essa linha, o conceito de relação jurídica não dissocia o contrato da relação de emprego, visto que o vínculo empregatício é, em essência, uma relação social que se torna jurídica pelo enquadramento normativo. Assim, a relação de emprego se transforma em relação jurídica por meio do direito e da vontade das partes, manifestada de forma escrita, verbal ou tácita (art. 442 da CLT).

> **Art. 442.** Contrato individual de trabalho é o acordo tácito ou expresso, correspondente à relação de emprego.

Em suma, a CLT estabelece o contrato como base essencial para caracterizar a relação de emprego, sendo essa definição pela presença dos elementos de pessoalidade, habitualidade, subordinação e onerosidade, conforme os arts. 2º e 3º da CLT. A proteção atual também reafirma esse entendimento, reconhecendo que a relação de trabalho é definida pela existência de um contrato de trabalho com subordinação entre empregador e empregado, em contraste com as relações de trabalho em geral, que podem abranger vínculos mais amplos e menos formalizados. Dessa forma, a CLT e as decisões judiciais mantêm o contrato como elemento distintivo e estruturante da relação de emprego, reforçando a proteção e os direitos previstos para os trabalhadores.

3.1 Elementos Essenciais da Relação de Emprego

Para caracterizar a relação de emprego, é essencial compreender os papéis específicos de empregado e empregador, os quais serão discutidos detalhadamente nos próximos capítulos. Conforme os arts. 2º e 3º da CLT, a identificação do vínculo empregatício requer a presença dos elementos de pessoalidade, habitualidade (não eventualidade), subordinação e onerosidade.

Todos esses elementos devem estar presentes para que a relação empregatícia seja reconhecida juridicamente, sendo que a ausência de qualquer um deles implica a descaracterização do vínculo de emprego.

A jurisprudência destaca, por exemplo, a importância desses critérios em casos específicos, como o de profissionais que, apesar de prestarem serviços em salões de beleza, não possuem vínculo empregatício por atuarem de forma autônoma e assumirem riscos de seu próprio negócio.

A seguir, exploraremos cada um desses elementos essenciais, aprofundando os critérios e as interpretações que fundamentam a relação de emprego no direito brasileiro.

3.1.1 Onerosidade

A onerosidade é um dos elementos essenciais que caracterizam a relação de emprego. Esse critério estabelece que a relação de trabalho exige uma contraprestação financeira, ou seja, o trabalho prestado pelo empregado deve ser remunerado pelo empregador, que assume a responsabilidade de pagamento. Em contratos de trabalho, é praticamente inexistente o vínculo a título gratuito, uma vez que se espera uma troca de vantagens econômicas e responsabilidades entre as partes.

A relação de emprego possui um caráter econômico fundamental, pelo qual o trabalhador se integra ao processo produtivo em troca de um "complexo de verbas contraprestativas" pagas pelo empregador. Isso reflete o aspecto bilateral, sinalagmático e oneroso do contrato de trabalho, envolvendo direitos e obrigações mensuráveis economicamente, que fundamentam o vínculo empregatício.

A onerosidade se manifesta em duas dimensões:

a) Objetiva: representa o pagamento feito pelo empregador ao empregado, por meio de verbas remuneratórias pactuadas entre as partes.

b) Subjetiva: demonstra a intenção das partes de estabelecer um valor justo pela prestação dos serviços, caracterizando o contrato como uma relação trabalhista bilateral.

Com a Reforma Trabalhista (Lei nº 13.467/17), ampliaram-se as possibilidades de negociação coletiva sobre aspectos da onerosidade, permitindo que temas como remuneração por produtividade, prêmios de incentivo, participação nos lucros e enquadramento de insalubridade sejam ajustados entre empregadores e trabalhadores. Essa flexibilidade tem impactos diretos no cálculo da remuneração, ampliando o papel da negociação coletiva na definição do valor do trabalho.

No contexto jurídico, o conceito de onerosidade também é entendido em diferentes expressões, como salário e remuneração. O termo "salário" refere-se, em sentido estrito, à quantia paga diretamente pelo empregador como contraprestação ao trabalho realizado. Já a "remuneração" inclui não apenas o salário, mas todas as vantagens devidas ao empregado em função do vínculo empregatício, como gorjetas, prêmios e outros valores concedidos por terceiros, conforme descrito no art. 457 da CLT.

> **Art. 457.** Compreendem-se na remuneração do empregado, para todos os efeitos legais, além do salário devido e pago diretamente pelo empregador, como contraprestação do serviço, as gorjetas que receber.

VEJA O QUADRO:

Item de Remuneração	Natureza
Salário-Base	Remuneração mensal fixa
Hora Extra	Remuneração variável por extensão da jornada
Adicional Noturno	Remuneração variável por trabalho em horário noturno
Comissão	Remuneração variável por desempenho de produção
Prêmio	Remuneração variável por desempenho ou resultados
Gratificação	Remuneração variável, geralmente por desempenho ou produtividade
Participação nos Lucros	Remuneração variável, vinculada aos resultados da empresa
Vale-Alimentação	Benefício, pode ser considerado auxílio
Vale-Transporte	Benefício, pode ser considerado auxílio para deslocamento
Assistência Médica	Benefício considerado auxílio à saúde
Seguro de Vida	Benefício, proteção ao empregado e sua família
Incentivos e Bonificações	Remuneração variável por desempenho adicional
Auxílio-Creche	Benefício, ajuda para despesas com crianças
FGTS	Provisão legal, não é remuneração direta

Fonte: Elaborado pelos autores, 2024.

Dessa forma, a onerosidade no contrato de trabalho é composta por uma série de prestações que refletem o valor econômico do trabalho, sendo fundamental para caracterizar o vínculo empregatício.

NÃO CONFUNDA!

Nem todas as verbas que compõem a remuneração do empregado incidem no cálculo das verbas rescisórias. As verbas rescisórias, que são devidas ao empregado no momento da rescisão do contrato de trabalho, incluem o salário-base, as férias proporcionais, o 13º salário proporcional e, em alguns casos, a multa do FGTS. No entanto, para que uma verba incida no cálculo das rescisórias, ela deve ter natureza **salarial, ou seja, ser paga em contraprestação ao trabalho realizado**. Verbas como vale-alimentação, vale-transporte e assistência médica, embora sejam consideradas benefícios, não integram a remuneração para fins rescisórios, a menos que estejam expressamente previstas em convenção ou acordo coletivo. Adicionalmente, verbas variáveis, como comissões e prêmios, só devem ser incluídas se forem pagas de forma habitual e regular, configurando-se como parte do salário do empregado. Assim, a natureza e a habitualidade das verbas são fundamentais para determinar sua incidência no cálculo das verbas rescisórias.

3.1.2 Habitualidade (Não eventualidade)

A habitualidade, ou não eventualidade, é um elemento fundamental na caracterização da relação de trabalho, sendo crucial para definir a existência de um vínculo empregatício. Esse conceito implica que a prestação de serviços deve ocorrer de forma contínua e regular, em contraposição ao trabalho eventual, que é esporádico e intermitente.

Refere-se à regularidade com que o trabalhador realiza suas atividades em benefício do empregador. O trabalho deve ser desempenhado em períodos definidos, e não de maneira pontual ou ocasional. A habitualidade indica que o trabalhador está inserido na dinâmica da empresa, contribuindo para suas operações de forma contínua.

Enquanto o trabalho habitual é caracterizado pela continuidade, o trabalho eventual é aquele realizado em situações específicas, sem a expectativa de repetição. A legislação trabalhista brasileira, particularmente a

CLT, reforça essa distinção ao não considerar como vínculo empregatício aqueles serviços prestados de forma esporádica, **como em festas, eventos ou atividades pontuais.**

> **Art. 3º** Considera-se empregado toda pessoa física que prestar serviços de natureza não eventual a empregador, sob a dependência deste e mediante salário.

A habitualidade é essencial para estabelecer a natureza da relação de emprego, pois, ao garantir uma prestação de serviços regular, confere ao trabalhador os direitos e as garantias previstos na CLT. Isso inclui o pagamento de salários, férias, 13º salário, entre outros benefícios que compõem a proteção ao trabalhador.

A identificação da habitualidade não se baseia apenas em um critério numérico, mas em uma análise do contexto e das particularidades da relação de trabalho. A atividade econômica desenvolvida pela empresa e a natureza dos serviços prestados pelo trabalhador são determinantes para classificar a relação como habitual. Se um trabalhador realiza serviços com frequência e de forma contínua, mesmo que em um espaço de tempo não fixo, isso pode caracterizar a habitualidade.

VEJA O ESQUEMA PARA COMPREENDER MELHOR:

Critério	Habitualidade	Trabalho Eventual
Frequência	Regular (diariamente, semanalmente etc.)	Ocasional (eventos, tarefas específicas)
Previsibilidade	Longo prazo (meses, anos)	Curto prazo (horas, dias)
Remuneração	Salário fixo ou mensal	Pagamento por tarefa ou serviço
Vínculo com o Tomador	Fixo (vínculo empregatício)	Flexível (sem vínculo contínuo

Fonte: Elaborado pelos autores, 2024.

Em suma, a habitualidade é um elemento essencial que define a relação de trabalho, sendo a chave para a distinção entre vínculos empregatícios e atividades eventuais. A presença de uma prestação de serviços regular e contínua implica a existência de um contrato de trabalho, conferindo ao trabalhador os direitos e deveres pertinentes a essa relação. O entendimento claro desse conceito é fundamental para a aplicação correta do Direito do Trabalho e a proteção dos direitos dos trabalhadores.

3.1.3 Pessoalidade

Outro requisito fundamental é a pessoalidade da relação de trabalho, e seu entendimento é crucial para a interpretação do contrato de trabalho. Segundo a CLT, o contrato de trabalho é, em regra, *intuitu personae* em relação ao empregado, o que significa que o trabalhador deve prestar serviços pessoalmente. Esse aspecto está intrinsecamente ligado à natureza do vínculo empregatício, pois a relação de emprego é caracterizada pela subordinação e pela necessidade de que o empregado execute suas funções de maneira pessoal.

Segundo Amauri Mascaro Nascimento (1992, p. 309):

> A pessoalidade, que resulta não da definição legal de empregado, mas na de empregador, pois este é que dirige a prestação pessoal do trabalho (CLT, art. 2º), significa que o contrato de trabalho é *intuitu personae* com relação ao empregado, pelo que fica excluída qualquer espécie de delegação da prestação do serviço por parte do empregado a outro trabalhador, a menos que haja consentimento (tácito ou expresso) do empregador.

Na prestação pessoal do trabalho o empregado é a figura central na relação de trabalho, devendo realizar suas atividades pessoalmente. Essa exigência é fundamental, pois reflete a confiança que o empregador deposita no empregado, além de garantir que o trabalhador tenha as habilidades e as competências necessárias para o desempenho das funções contratadas.

A substituição do prestador do trabalho, em regra, é vedada, exceto em casos excepcionais. Isso pode ocorrer apenas com o consentimento do empregador, que pode ser expresso ou tácito. A possibilidade de substituição ressalta a importância da confiança mútua na relação de trabalho, onde o empregador espera que o empregado, que foi contratado com base em suas qualidades pessoais, mantenha a continuidade do serviço.

A pessoalidade do empregador, em contrapartida, não existe a mesma exigência de pessoalidade em relação ao empregador. A CLT, em seus arts. 10 e 448, reconhece que o empregador pode ser uma pessoa física ou jurídica, ou até mesmo um ente despersonalizado, como uma massa falida. Essa flexibilidade na definição do empregador reflete a diversidade de formas de organização do trabalho e de estrutura empresarial na sociedade contemporânea.

Responsabilidade e direitos à pessoalidade implicam que, ao romper o vínculo de trabalho, o empregado pode ter direitos e responsabilidades que estão atrelados à sua figura. Isso significa que a rescisão do contrato de trabalho deve considerar a individualidade do empregado, respeitando seus direitos trabalhistas.

No caso de contratos de trabalho temporário e terceirização, a regra da pessoalidade pode ser vista em contrapartida com o aumento da utilização de contratos temporários e de terceirização, onde a flexibilidade da prestação de serviços é maior. Nesses casos, as características da relação de trabalho podem se modificar, mas ainda assim a legislação exige que a prestação de serviços respeite determinados princípios.

A pessoalidade, portanto, é um dos pilares da relação de trabalho, evidenciando a importância da individualidade do trabalhador e a natureza pessoal do vínculo empregatício. Essa distinção entre as partes envolvidas na relação de trabalho contribui para a proteção dos direitos do empregado e para a manutenção da confiança entre empregador e empregado.

FIQUE ATENTO!

1. Embora a pessoalidade seja regra, há circunstâncias que permitem a substituição temporária do empregado, como nos casos de férias, licença médica ou licença-maternidade, em que pode ocorrer a substituição sem que o caráter pessoal do vínculo se perca. No entanto, essa substituição é geralmente temporária e regulamentada, mantendo a pessoalidade como característica central do contrato principal.
2. Nos casos de sucessão empresarial, a ausência de pessoalidade em relação ao empregador garante que os direitos do empregado sejam preservados, mesmo que o empregador mude. Isso protege o trabalhador, assegurando que a continuidade da prestação de serviços, os direitos adquiridos e o vínculo empregatício sejam mantidos, independentemente de quem esteja à frente da empresa.

3.1.4 Subordinação

O requisito da subordinação é conceito fundamental para diferenciar a relação empregatícia das demais relações de trabalho, como o trabalho autônomo e essencial para caracterizar a relação de emprego, e é definido pela sujeição do trabalhador ao poder do empregador, que se expressa nas direções, nas regras e nas ordens estabelecidas no ambiente de trabalho.

No art. 3º da CLT, a subordinação é descrita como um elemento-chave para que a relação de emprego seja identificada. Alguns estudiosos interpretam esse requisito como uma forma de "dependência" do empregado em relação ao empregador, mas essa visão pode ser ampliada, nas palavras de Calor Henrique Bezerra Leite (2019, p. 249) temos:

> Há quem sustente que a subordinação decorre da situação de "dependência" (CLT, art. 3º) do empregado em relação ao empregador. Todavia, parece-nos que o empregado não é "dependente" do empregador, e sim, a sua atividade laboral (física, mental ou intelectual) é que fica num estado de sujeição ao poder (diretivo, regulamentar e disciplinar) do empregador, sendo que este critério é, para a maioria dos doutrinadores, o mais relevante para caracterizar a relação empregatícia.

A dependência aqui não implica que o empregado seja pessoalmente dependente do empregador, mas, sim, que a sua atividade está sujeita à orientação e ao controle do empregador. Esse poder do empregador é exercido por meio dos poderes diretivo **(que determina como o trabalho deve ser realizado)**, regulamentar **(com regras específicas para o desempenho das funções)** e disciplinar **(com o controle sobre faltas e punições)**.

Na jurisprudência, encontramos decisões que reforçam essa interpretação, vejamos o julgado TRT-2 2321200503802003 SP, Relator: RICARDO ARTUR COSTA E TRIGUEIROS, 4ª Turma, Data de Publicação: 27/06/2008:

> A subordinação, como elemento essencialmente caracterizador do liame empregatício, revela-se de forma satisfatória quando demonstrada a submissão do trabalhador a controle de horário, bem como às ordens e comandos emanados de um preposto da empresa.
> [...] Surge evidente o requisito da subordinação, elemento essencialmente caracterizador da relação de emprego que se amolda aos institutos celetistas e é incompatível com a natureza da relação jurídica sustentada pela defesa.

Observe como o relator traz a subordinação como elemento essencial da caracterização da relação de trabalho.

Nessa decisão, também se observa que o recebimento de valores fixos, invariáveis, semelhantes ao salário, reforça o vínculo empregatício, invalidando a tese de autonomia.

Essa perspectiva ajuda a diferenciar o trabalho autônomo, no qual o trabalhador exerce sua atividade com liberdade e sem estar sujeito a ordens e controle diretivo, do trabalho subordinado, onde a subordinação se faz presente na relação de trabalho entre empregado e empregador. Assim, a subordinação é vista como o elemento mais significativo para estabelecer o vínculo empregatício, configurando-se não como uma dependência pessoal, mas como uma sujeição profissional do trabalho ao poder de direção e controle do empregador.

A natureza jurídica da subordinação se manifesta no contrato de trabalho, onde o empregador voluntariamente se compromete a prestar serviços sob a direção do empregador.

Com isso temos que o poder diretivo concede ao empregador a autoridade de organizar e fiscalizar a prestação dos serviços, estabelecendo normas e aplicando avaliações disciplinares, conforme necessário para a atividade empresarial.

Portanto, a subordinação jurídica diferencia o vínculo empregatício das demais relações de trabalho, garantindo que o trabalhador receba a proteção das normas trabalhistas ao estar sujeito ao poder de direção do empregador.

NÃO CONFUNDA!

Embora a subordinação seja o elemento mais significativo para a caracterização da relação de emprego, é essencial que todos os elementos característicos estejam presentes para o reconhecimento do vínculo. A CLT estabelece, em seu art. 3º, que a pessoalidade, a habitualidade, a onerosidade e a subordinação são fundamentais para essa configuração. A ausência de qualquer um desses requisitos pode levar à descaracterização da relação, resultando em classificações diferentes que não atendem às normas da CLT.

3.2 Distinção entre Relação de Emprego e outras Formas de Trabalho

Em contrapartida, temos outras formas de trabalho que, delimitadas pelo Judiciário brasileiro e pela falta dos elementos essenciais da relação de emprego, não se enquadram na modalidade **descrita nos arts. 2º e 3º da CLT**. Nesse toar, podemos destacar formas de trabalho avulso ou por tarefa, por exemplo, nas quais a relação é caracterizada pela ausência de subordinação, pessoalidade, habitualidade e onerosidade constante, elementos fundamentais para a configuração do vínculo empregatício.

Essas modalidades de trabalho, como o trabalho eventual ou sazonal, e as atividades realizadas por *freelancers* não configuram uma relação de emprego pois, frequentemente, não possuem a continuidade típica do vínculo empregatício, funcionando de forma esporádica e sem a obrigação de uma continuidade regular. Em tais relações, a subordinação é praticamente inexistente, pois o trabalhador exerce as atividades com autonomia, podendo decidir como e quando executá-las. Essa independência limita o poder diretivo do tomador de serviços, descaracterizando a subordinação exigida para a configuração do vínculo empregatício.

Ademais, a pessoalidade também é flexibilizada, já que o prestador de serviço, em casos como o do trabalho autônomo, pode ser substituído por outra pessoa, desde que cumpra com o objetivo acordado. Diferentemente do empregado, o trabalhador autônomo ou eventual pode ser substituído sem a necessidade de consentimento do tomador de serviço, e, portanto, não se encaixa no requisito de pessoalidade.

Por fim, ao se considerar a dependência econômica e a fragilidade contratual, o Direito do Trabalho atual enfrenta o desafio de adequar suas normas para abarcar não apenas o trabalho tradicional, mas também as formas intermediárias de prestação de serviços.

Tal necessidade de proteção surge especialmente diante da debilidade contratual de trabalhadores que, embora autônomos, possuem uma dependência econômica relevante em relação ao tomador de serviços.

VEJA O ESQUEMA:

FORMAS DE TRABALHO

- Relação de emprego
- Outras formas de trabalho

- Art. 2 e 3 da CLT
- Contratação autônoma por instrumento próprio

- Características: onerosidade, pessoalidade, subordinação, habitualidade
- Características: eventualidade, sazonalidade

- Proteção jurídica pelo vínculo empregatício
- Pelo negócio jurídico próprio das relações comerciais

Fonte: Elaborado pelo autor, 2024.

Veja como todos os elementos da composição da relação de emprego são essenciais para que se configure a relação empregatícia, regida pela CLT, e para assegurar a proteção jurídica ao trabalhador. Não existe hierarquia entre esses elementos, pois a ausência de qualquer um deles pode descaracterizar a relação. Por exemplo, a falta de pessoalidade impede que o indivíduo seja considerado sujeito da relação de trabalho, resultando na impossibilidade de reivindicar os direitos decorrentes dessa relação.

FIQUE ATENTO!

A ausência de onerosidade, mesmo com todos os outros elementos presentes, caracteriza uma relação abusiva, que pode dar origem a uma lide processual. Nesse caso, a falta de pagamento não descaracteriza o vínculo empregatício, mas, sim, **configura uma infração legal que deve ser corrigida**. É importante que o trabalhador tenha assegurados seus direitos e que a legislação seja respeitada para evitar a exploração nas relações de trabalho.

4 CONTRATO DE TRABALHO

EMBORA A DISTINÇÃO ENTRE contrato de trabalho e relação de emprego possa parecer despicienda, ela é de extrema importância para a ciência jurídica laboral, pois permite diferenciar a relação de emprego de outras formas de trabalho. Francisco Meton Marques de Lima (1994, p. 59) destaca que a caracterização da relação de emprego é crucial para distinguir essas demais relações que compartilham elementos comuns com o emprego. A sociedade moderna frequentemente cria relações que tentam descaracterizar o emprego, como contratos de empreitada em que o empreiteiro é o artífice (trabalho autônomo, eventual, doméstico), e até mesmo contratos de representação que se assemelham ao de empregado viajante.

Amauri Mascaro Nascimento (1992, p. 256-267) ressalta o papel relevante do contrato de trabalho em uma sociedade pluralista e democrática, pois ele constitui a base jurídica entre empregados e empregadores, preserva a dignidade humana, afirma a vontade individual, mantém a ordem social e integra a ordem jurídica. A leitura do art. 114 da CF/1988, mesmo antes da Emenda Constitucional nº 45/2004, já indicava a intenção do legislador de distinguir entre relação de emprego e relação de trabalho.

> **Art. 114.** Compete à Justiça do Trabalho conciliar e julgar os dissídios individuais e coletivos entre trabalhadores e empregadores, abrangidos os entes de direito público externo e da administração pública direta e indireta dos Municípios, do Distrito Federal, dos Estados e da União, e, na forma da lei, outras controvérsias decorrentes da relação de trabalho, bem como os litígios que tenham origem no cumprimento de suas próprias sentenças, inclusive coletivas.

> **(Redação dada pela Emenda Constitucional nº 45, de 2004)**
> **Art. 114.** Compete à Justiça do Trabalho processar e julgar:
> [...]
> I – as ações oriundas da relação de trabalho, abrangidos os entes de direito público externo e da administração pública direta e indireta da União, dos Estados, do Distrito Federal e dos Municípios;

A relação de emprego implica o surgimento de dissídios entre o trabalhador e o empregador, enquanto a relação de trabalho abrange qualquer outra forma de relação jurídica, exceto a de emprego.

Assim, a relação de trabalho é um gênero, e a relação de emprego é uma espécie. A relação de trabalho diz respeito a qualquer atividade humana que envolva a prestação de serviços, podendo a legislação definir a competência da Justiça do Trabalho para resolver conflitos oriundos dessas relações. O art. 114 da CF expressa a expressão "relação de trabalho", e a Justiça do Trabalho é responsável por processar ações relacionadas a ela, incluindo ações de indenização por danos decorrentes dessa relação.

> **Art. 114.** Compete à Justiça do Trabalho processar e julgar:
> [...]
> VI – as ações de indenização por dano moral ou patrimonial, decorrentes da relação de trabalho;

A relação de emprego, por sua vez, ocupa-se de um tipo específico de atividade humana: o trabalho subordinado, prestado por um empregado. Aqui, a relação jurídica entre empregado e empregador é fundamental para a aplicação do direito do trabalho. O termo "relação de emprego" é mencionado no art. 7º da CF, o que ressalta sua relevância tanto para o Direito do Trabalho quanto para o Direito Constitucional.

> **Art. 7º** São direitos dos trabalhadores urbanos e rurais, além de outros que visem à melhoria de sua condição social:
> I – relação de emprego protegida contra despedida arbitrária ou sem justa causa, nos termos de lei complementar, que preverá indenização compensatória, dentre outros direitos;

Os critérios para caracterizar a relação de emprego estão nos art. 2º e 3º da CLT, que estabelecem elementos essenciais como pessoalidade, não eventualidade, subordinação e onerosidade, já discutidos no capítulo anterior.

Podemos abordar como exemplo que os contratos de trabalho e de representação comercial compartilham elementos essenciais, mas a distinção fundamental reside na subordinação jurídica, que é característica do contrato de trabalho, em contraposição à autonomia da prestação de serviços na representação comercial. Se nos autos da relação estiver ausente esse requisito, não se pode reconhecer o vínculo empregatício.

4.1 Características do Contrato de Trabalho

O contrato de trabalho, conforme a CLT, apresenta diversas características que o diferenciam de outras relações jurídicas. Uma delas é a pessoalidade, que implica que o serviço deve ser prestado pelo próprio empregado, não sendo permitida a substituição por terceiros, como já explicitado nos artigos anteriores. Essa característica reforça a individualidade da relação, pois o empregador contrata o trabalhador pela sua capacidade pessoal e pelas suas habilidades específicas.

4.1.1 Continuidade

Outro aspecto relevante é a continuidade da relação de trabalho. O contrato de trabalho tende a ser **contínuo**, estabelecendo uma ligação duradoura entre empregado e empregador, com prestação habitual e regular de serviços. Essa continuidade indica a intenção de ambas as partes de manter a relação, refletindo a natureza estável da relação empregatícia. O princípio da continuidade é um dos princípios mais práticos da seara trabalhista, uma vez que, sempre que ocorre uma rescisão do contrato de trabalho, por qualquer modalidade, há também a quebra desse princípio.

Para **Mauricio Godinho Delgado** (2018, p. 597), a subordinação é o elemento de mais

> difícil aferição no plano concreto desse tipo de relação entre as partes. Ela tipifica-se pela intensidade, repetição e continuidade de ordens do tomador de serviços com respeito ao obreiro, em direção à forma de prestação dos serviços contratados. Se houver continuidade, repetição e intensidade de ordens do tomador de serviços com relação à maneira pela qual o trabalhador deve desempenhar suas funções,

está-se diante da figura trabalhista do vendedor empregado (arts. 2º e 3º, *caput*, CLT; Lei nº 3.207, de 1957). Inexistindo essa contínua, repetida e intensa ação do tomador sobre o obreiro, fica-se diante da figura regulada pela Lei Comercial nº 4.886/65 e Código Civil de 2002.

Esse princípio valoriza a permanência do empregado no mesmo vínculo empregatício, dada a variedade de vantagens que isso representa. Com o passar do tempo no mesmo emprego, o trabalhador não apenas recebe capacitação e realiza cursos, mas também é contemplado com aumentos salariais e vantagens como anuênios e quinquênios. Assim, a permanência do empregado no maior tempo possível em um mesmo emprego é benéfica para ambas as partes.

A continuidade da relação de emprego constitui uma presunção favorável ao empregado, conforme a Súmula nº 212 do TST, que estabelece que o ônus de provar o término do contrato de trabalho, quando negados a prestação de serviço e o despedimento, recai sobre o empregador. Isso reforça a proteção do trabalhador, uma vez que o princípio da continuidade é uma regra que busca garantir a estabilidade do vínculo empregatício.

Súmula nº 212 do TST
DESPEDIMENTO. ÔNUS DA PROVA (mantida) – Res. nº 121/2003, DJ 19, 20 e 21.11.2003
O ônus de provar o término do contrato de trabalho, quando negados a prestação de serviço e o despedimento, é do empregador, pois o princípio da continuidade da relação de emprego constitui presunção favorável ao empregado.

4.1.2 Formalidade

A formalidade do contrato de trabalho no âmbito da CLT é um aspecto essencial para a definição e a validade da relação de emprego. A CLT, ao regulamentar o contrato de trabalho, estabelece diretrizes que devem ser observadas pelas partes envolvidas, visando à proteção dos direitos do trabalhador e à segurança jurídica das relações laborais.

Embora a CLT permita que o contrato seja formalizado por escrito, **a ausência dessa formalização não descaracteriza a relação de emprego**. Contudo, a formalização escrita proporciona segurança jurídica, deixando claras as condições acordadas entre as partes.

4. CONTRATO DE TRABALHO

Em regra, o contrato de trabalho é considerado consensual e não solene, não exigindo forma especial, salvo disposições específicas que assim o determinem. Por exemplo, contratos de trabalho de artistas, atletas profissionais, aprendizes e alguns casos de servidores públicos **exigem formalidades específicas, conforme previsto na legislação.**

Artistas: Lei nº 6.533/1978
Atletas Profissionais: Lei nº 9.615/1998
Aprendizes: Lei nº 10.097/2000
Servidores Públicos: CF – Art. 37, II e § 2º

FIQUE POR DENTRO!

A ausência de formalidade não implica necessariamente a inexistência do vínculo empregatício, mas pode levar a complicações jurídicas, como a configuração de ilícitos patronais.

A prova do contrato de trabalho deve ser realizada por meio das anotações na CTPS e no Livro de Registro de Empregados. Contudo, é importante destacar que tais anotações possuem presunção *juris tantum*, podendo ser contestadas por outros meios de prova. Assim, mesmo na falta de registro formal, a relação de emprego pode ser comprovada por documentos, testemunhas ou outros meios que demonstrem a continuidade e a natureza da atividade laboral.

O conteúdo do contrato de trabalho, por sua vez, deve respeitar o caráter sinalagmático, estabelecendo obrigações mútuas entre empregador e empregado. O art. 444 da CLT garante certa liberdade às partes para estipular condições mais favoráveis do que as previstas na legislação ou em convenções coletivas.

Juris tantum
Que diz respeito apenas ao direito. Diz-se da presunção relativa ou condicional que, resultante do próprio direito, embora por ele estabelecida como verdadeira.

Art. 444. As relações contratuais de trabalho podem ser objeto de livre estipulação das partes interessadas em tudo quanto não contravenha às disposições de proteção ao trabalho, aos contratos coletivos que lhes sejam aplicáveis e às decisões das autoridades competentes.
Parágrafo único. A livre estipulação a que se refere o *caput* deste artigo aplica-se às hipóteses previstas no art. 611-A desta Consolidação, com

> a mesma eficácia legal e preponderância sobre os instrumentos coletivos, no caso de empregado portador de diploma de nível superior e que perceba salário mensal igual ou superior a duas vezes o limite máximo dos benefícios do Regime Geral de Previdência Social. (Incluído pela Lei nº 13.467, de 2017)

No entanto, a recente reforma trabalhista trouxe implicações adicionais, estabelecendo limitações à liberdade de estipulação em casos de trabalhadores com diploma de nível superior que recebam salários elevados.

Os elementos do contrato de trabalho podem ser divididos em extrínsecos e intrínsecos, sendo os primeiros referentes à capacidade das partes e à idoneidade do objeto, enquanto os segundos se referem ao consenso e à causa. Os elementos essenciais são requisitos indispensáveis à validade do contrato de trabalho, que incluem a capacidade jurídica das partes, a legalidade e a viabilidade do objeto, e a forma do contrato. Embora o contrato de trabalho possa ser celebrado de maneira verbal ou escrita, algumas situações específicas exigem a formalização por escrito, como nos contratos de aprendizagem e de experiência. A legislação também exige formas especiais, como a aprovação em concurso público para a investidura em cargo público.

A análise dos elementos essenciais e a observância das formalidades legais são fundamentais para assegurar que o contrato de trabalho seja reconhecido como válido, protegendo assim os direitos de ambas as partes envolvidas na relação empregatícia.

4.1.3 Flexibilidade

Por fim, a flexibilidade é uma característica importante do contrato de trabalho, pois permite que as condições da relação sejam adaptadas às necessidades de ambos, respeitando sempre a proteção do trabalhador. Embora a legislação estabeleça normas e direitos a serem respeitados, há espaço para acordos sobre jornada, remuneração e outras condições.

A flexibilidade nas relações de trabalho pode ser compreendida sob a perspectiva da distinção entre vínculo empregatício e trabalho autônomo. Conforme demonstrado em decisões judiciais, a caracterização do contrato de trabalho não depende da nomenclatura utilizada pelas partes, mas, sim, da análise dos fatos e da realidade da prestação de serviços.

O acórdão do TST (TST-RR 317/2000-001-17-00) evidencia que o trabalho prestado de forma pessoal, contínua e subordinada resulta na formação de um vínculo empregatício, mesmo que as partes não reconheçam explicitamente essa relação.

Isso indica que a flexibilidade desejada pelos empregadores pode ser comprometida se a relação laboral atender aos critérios de subordinação, pessoalidade e habitualidade estabelecidos nos arts. 3º e 442 da CLT.

O exemplo do representante comercial é ilustrativo: enquanto o empregado está sujeito a horários e fiscalização, caracterizando a subordinação, o representante atua com autonomia, respeitando apenas regras. Portanto, a flexibilidade na condução do negócio deve ser considerada à luz da realidade dos fatos, pelo princípio da primazia da realidade, e não apenas pela vontade das partes envolvidas.

VEJA O ESQUEMA:

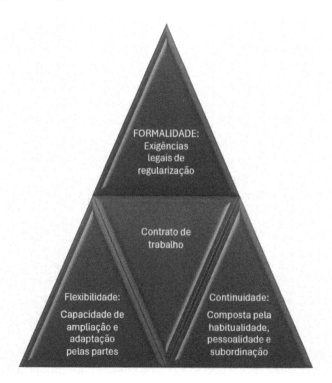

Fonte: Elaborado pelos autores, 2024.

4.1.4 Exclusividade

A exclusividade não é uma regra geral dos contratos de trabalho. Ela **só existe quando está expressamente prevista** no contrato ou quando decorre da natureza da função exercida. Exclusividade é uma **cláusula contratual** (explícita ou implícita) que **impede o empregado de exercer outra atividade profissional remunerada**, para evitar concorrência desleal, conflito de interesses ou prejuízo à dedicação exigida. Exemplos comuns de contratos com cláusula de exclusividade: quando a atividade exige dedicação integral (ex: cargos de confiança, altos executivos, motoristas pessoais à disposição integral); e em certas profissões com risco de concorrência ou quebra de sigilo (ex: publicitários, profissionais de tecnologia com acesso a dados estratégicos).

4.2 Espécies de Contrato de Trabalho (Determinado e Indeterminado)

4.2.1 Determinado

O contrato de trabalho por tempo determinado é aquele em que, desde o início da relação de emprego, as partes acordam que a duração será limitada. Segundo o art. 443 da CLT, esse tipo de contrato pode ocorrer em três situações específicas: quando o serviço a ser prestado tenha uma natureza ou transitoriedade que justifique a fixação de um prazo, quando a atividade empresarial for de caráter transitório, ou, ainda, no caso de contrato de experiência. A natureza transitória do serviço ou da atividade da empresa deve ser claramente demonstrada para que a contratação por prazo determinado seja válida, como ocorre, por exemplo, no caso de trabalhos agrícolas sazonais ou substituição temporária de funcionários.

> **Art. 443.** O contrato individual de trabalho poderá ser acordado tácita ou expressamente, verbalmente ou por escrito, por prazo determinado ou indeterminado, ou para prestação de trabalho intermitente. (Redação dada pela Lei nº 13.467, de 2017)

No direito positivo brasileiro, as partes não têm liberdade absoluta para estabelecer um prazo determinado para o contrato de trabalho. Para que o contrato tenha validade, é necessário que as circunstâncias que envolvem a relação de trabalho justifiquem a predeterminação do prazo. Essa predeterminação só é permitida quando a natureza do serviço, a atividade da empresa, ou uma norma legal exigirem um contrato com prazo fixo. Como explica Valentin Carrion (1995, p. 273), a simples vontade das partes de estabelecer um contrato com prazo determinado não é suficiente; deve haver uma justificativa objetiva para tal escolha, como a transitoriedade do trabalho ou da atividade.

O contrato de trabalho por tempo determinado não se resume à simples fixação de um termo final certo. Ele também pode ser celebrado para a realização de uma obra específica ou para um evento que tenha um fim aproximado, como é o caso de um trabalhador contratado para um período de safra ou para a execução de um projeto determinado. Nesse contexto, a CLT permite que o contrato seja ajustado de forma que a duração dependa da execução de serviços específicos ou da realização de um acontecimento suscetível de previsão aproximada.

Além disso, o contrato de trabalho por tempo determinado deve observar algumas condições específicas para ser válido. O art. 443, § 2º, da CLT especifica que esse tipo de contrato é permitido quando se tratar de serviços cuja natureza ou transitoriedade justifiquem a predeterminação do prazo, de atividades empresariais de caráter transitório ou de contratos de experiência. Por exemplo, no caso de contratos de experiência, que têm a finalidade de avaliar a adaptação do empregado às funções, a duração não poderá exceder 90 dias. Já os contratos de prazo determinado em outras modalidades, como os de obra certa ou de safra, estão sujeitos a diferentes exigências e condições, sendo que, independentemente da sua espécie, a duração não pode ultrapassar dois anos.

> **Art. 443.** [...]
> § 2º O contrato por prazo determinado só será válido em se tratando: (Incluído pelo Decreto-lei nº 229, de 28.2.1967)
> **a)** de serviço cuja natureza ou transitoriedade justifique a predeterminação do prazo; (Incluída pelo Decreto-lei nº 229, de 28.2.1967)
> **b)** de atividades empresariais de caráter transitório; (Incluída pelo Decreto-lei nº 229, de 28.2.1967)
> **c)** de contrato de experiência. (Incluída pelo Decreto-lei nº 229, de 28.2.1967)

O contrato por tempo determinado também exige que seja celebrado por escrito, e deve observar a regra de que, caso seja prorrogado mais de uma vez, ele passará a ser considerado como contrato por tempo indeterminado. Além disso, a rescisão antecipada do contrato por prazo determinado pode gerar a obrigação de pagamento do restante do período contratual, caso a rescisão seja feita pelo empregador sem justa causa. No caso de rescisão antecipada pelo empregado, ele deverá indenizar o empregador, na mesma proporção do valor que teria direito caso fosse o empregador a rescindir.

Em relação a modalidades específicas, como o contrato de safra, que está previsto na Lei nº 5.889/73, ele se caracteriza pela transitoriedade do serviço, ligada ao ciclo de cultivo e colheita. A jurisprudência tem reafirmado que contratos de trabalho por tempo determinado, como o contrato de safra, devem estar em conformidade com as disposições legais que permitem esse tipo de contratação, vejamos:

CONTRATO POR TEMPO DETERMINADO NÃO CARACTERIZADO POR AUSÊNCIA DOS REQUISITOS LEGAIS.
O contrato de trabalho por prazo determinado caracteriza-se pelo termo final ser previamente estabelecido entre as partes, e ainda tratar-se da execução de serviços especificados ou da realização de certo acontecimento suscetível de previsão aproximada. Por ser exceção à regra geral, deve ser sempre formal e requer a observância de requisitos legais expressos, tais como: a natureza transitória do serviço ou da atividade empresarial, ou sendo contrato de experiência. Além do mais, essa modalidade de contratação também prescinde de autorização prévia por convenção ou acordo coletivo de trabalho (que não houve no caso). O contrato a termo deve ser celebrado pelo prazo máximo de duração de dois anos, podendo ser prorrogado uma vez, desde que não ultrapasse o limite de dois anos e que a prorrogação seja feita antes de terminar o prazo inicial. E caso a empresa queira recontratar esse trabalhador, ela terá que esperar o prazo de seis meses para recontratá-lo num novo contrato de trabalho com prazo determinado, sendo que, não respeitando o prazo de seis meses, o contrato passa automaticamente a ser um contrato por prazo indeterminado. No caso dos autos, está robustamente provado que não foram observados todos os requisitos legais expressos, sendo que a simples anotação na CTPS é insuficiente para caracterizar o contrato a tempo certo. Aliás, conclui-se que a anotação na CTPS do reclamante como sendo um contrato por tempo determinado foi uma burla à legislação trabalhista, pois a prestação dos serviços, como ocorreu na realidade (princípio da primazia da

realidade), tem todas as características de um contrato por tempo indeterminado. Sentença que se confirma.
PRESENÇA DOS ELEMENTOS CARACTERIZADORES DA RELAÇÃO DE EMPREGO DIRETO COM A RECORRENTE (ART. 3º DA CLT). VÍNCULO EMPREGATÍCIO RECONHECIDO. No caso, não resta dúvida quanto à caracterização do contrato por tempo indeterminado, com vínculo de emprego, inclusive no período de junho/2010 a 17/07/2012, pois nos autos resta nitidamente comprovada a continuidade na prestação dos serviços. Com efeito, sobressai dos autos que o reclamante trabalhou para o SEST ininterruptamente, desde 01/06/2010 até 07/07/2015, de forma pessoal, não eventual, subordinada e remunerada, e que inclusive usava farda e crachá do SEST, caracterizando assim uma legítima relação empregatícia, nos moldes do art. 3º da CLT. A caracterização do vínculo de emprego exige a presença, concomitante, de todos os requisitos do art. 3º da CLT, onde incluem a prestação de serviços de forma pessoal, não eventual (ou contínua), mediante salário ou com a promessa deste, e de forma subordinada. A esses, soma-se o requisito da alteridade, que significa a assunção do risco da atividade econômica pelo empregador (art. 2º da CLT). Sendo assim, presentes no caso os requisitos exigidos pelos artigos 2º e 3º da CLT, resta configurado o liame empregatício.
PRESTAÇÃO DE SERVIÇOS SOB A FORMA DE TERCEIRIZAÇÃO NÃO CARACTERIZADA. Restou comprovado nos autos que também não se sustenta a tese de terceirização dos serviços, através da empresa Cantídio Consultoria Ltda. (que figura nesta lide como segunda reclamada). Aliás, a segunda testemunha trazida pelo reclamante confirma a tese do reclamante quando declara que havia uma falsa terceirização dos empregados contratados pelo SEST para a referida empresa Cantídio Consultoria Ltda. Observa-se que o reclamante alega, na exordial, que durante o primeiro período trabalhado, de 1º/06/2010 a 17/07/2012, o primeiro reclamado (SEST), objetivando simular uma aparente terceirização na prestação de serviços, determinou que o reclamante fosse contratado pela Cantídio Consultoria Ltda., e que o SEST somente formalizou vínculo empregatício direto no período seguinte, de 18/07/2012 a 17/07/2014. Porém, sustenta o obreiro que tais períodos são ininterruptos, portanto faz jus ao reconhecimento de um só vínculo, durante todo o período, bem como à conversão do contrato por tempo determinado em contrato por prazo indeterminado. Em se tratando de pedido de reconhecimento de período anterior ao registrado na CTPS, o ônus de prova é do empregado, nos termos do art. 373, I, do CPC, c/c art. 818 da CLT, e deste ônus entende-se que o reclamante bem conseguiu se desincumbir, em razão de

todo o conjunto probatório, em especial do depoimento testemunhal, desconstituindo os recibos de pagamento de fls. 59-74, que atestam a prestação de serviços através da suposta intermediação da segunda reclamada, referentes ao primeiro período trabalhado (junho/2010 a 17/julho/2012), e que inclusive nem todos se encontram assinados pelo reclamante. Recurso ordinário conhecido e desprovido (TRT-22 – RO: 00002707762015 5220001, Relator: Francisco Meton Marques de Lima, Data de Julgamento: 05/03/2018, 1ª Turma).

Caso contrário, se as condições que justificam o contrato por prazo determinado não forem atendidas, o contrato será considerado como de prazo indeterminado, com as implicações legais decorrentes dessa classificação.

> **LEI Nº 5.889, DE 8 DE JUNHO DE 1973.** Estatui normas reguladoras do trabalho rural.
> **Art. 1º** As relações de trabalho rural serão reguladas por esta Lei e, no que com ela não colidirem, pelas normas da Consolidação das Leis do Trabalho, aprovada pelo Decreto-lei nº 5.452, de 01/05/1943.

4.2.2 Indeterminado

O contrato por tempo indeterminado se caracteriza pela ausência de uma data específica para o seu término, prolongando-se indefinidamente ao longo do tempo. Ao contrário dos contratos a termo, que preveem uma duração previamente estabelecida, o contrato indeterminado é a regra geral em relações empregatícias, conferindo uma estabilidade presumida, como estabelece a Súmula nº 212 do TST.

Essa presunção de continuidade reflete o princípio da proteção ao trabalhador, promovendo a continuidade da relação de emprego. Ao seguir essa lógica, o ordenamento jurídico trabalhista trata os contratos a termo como exceções, sendo aceitos apenas em condições especiais estabelecidas na legislação.

Além disso, o contrato por tempo indeterminado reforça o princípio da norma mais favorável ao trabalhador, já que a sua continuidade ao longo do tempo permite ao empregado acumular direitos trabalhistas, promovendo uma maior segurança jurídica. Esse tipo de contrato, por meio de sua indefinição temporal, permite que o empregador faça maiores investimentos no empregado, enquanto este acumula mais direitos ao longo dos anos, especialmente em casos de rescisão. No instante de uma eventual ruptura do vínculo empregatício, o trabalhador terá direito a um número maior de verbas rescisórias, como o aviso-prévio proporcional, a multa de 40% sobre o FGTS, e, em algumas situações, até indenizações adicionais específicas, como as previstas no art. 9º da Lei nº 7.238/84 e o acréscimo referente ao aviso-prévio proporcional instituído pela Lei nº 12.506/2011.

> **Lei nº 7.238/84**
> **Art. 9º** O empregado dispensado, sem justa causa, no período de 30 (trinta) dias que antecede a data de sua correção salarial, terá direito à indenização adicional equivalente a um salário mensal, seja ele optante ou não pelo Fundo de Garantia do Tempo de Serviço – FGTS.

> **Lei nº 12.506/2011**
> **Art. 1º** O aviso-prévio, de que trata o Capítulo VI do Título IV da Consolidação das Leis do Trabalho – CLT, aprovada pelo Decreto-Lei nº 5.452, de 1º de maio de 1943, será concedido na proporção de 30 (trinta) dias aos empregados que contêm até 1 (um) ano de serviço na mesma empresa.
> **Parágrafo único.** Ao aviso prévio previsto neste artigo serão acrescidos 3 (três) dias por ano de serviço prestado na mesma empresa, até o máximo de 60 (sessenta) dias, perfazendo um total de até 90 (noventa) dias.

Esse formato contratual também assegura o pleno vigor das garantias especiais de emprego, como a estabilidade da gestante, do dirigente sindical e do acidentado. Assim, qualquer ruptura arbitrária durante o período de estabilidade garante ao trabalhador o direito à reintegração ou, ao menos, a indenização referente ao período de estabilidade não respeitado. Essas características tornam o contrato por tempo indeterminado uma proteção importante na dinâmica empregatícia, promovendo não só a continuidade da relação de trabalho, mas também uma estrutura mais favorável e estável para o trabalhador no mercado de trabalho.

Esse tipo de contrato possui algumas características específicas: (a) a prestação de serviços ocorre sem fixação de prazo final, mas qualquer uma das partes pode rescindir o contrato mediante aviso-prévio, que estabelece um período de comunicação antes do término. Nesse caso, o trabalhador tem direito a verbas rescisórias, incluindo aviso-prévio, 13º salário e férias proporcionais; (b) o contrato permanece inalterado durante os períodos de interrupção ou suspensão contratual; (c) é compatível com o instituto da estabilidade, quando aplicado.

Há, ainda, uma discussão doutrinária relevante: a interpretação majoritária considera que o contrato por prazo indeterminado é "resolúvel *ad nutum*", ou seja, o empregador pode encerrar o vínculo sem necessidade de justificativa (denúncia vazia). No entanto, essa faculdade encontra limites em situações de estabilidade no emprego ou outras proteções previstas em normas específicas. Esse equilíbrio busca garantir tanto a continuidade da relação de trabalho quanto a proteção dos direitos do trabalhador em casos de estabilidade.

4.3 Alterações no Contrato de Trabalho (*Jus Variandi*)

O contrato de trabalho é um vínculo jurídico que formaliza as obrigações entre empregador e empregado, estabelecendo direitos e deveres para ambas as partes. Embora possua relativa estabilidade, sua flexibilidade pode ser necessária para atender às mudanças inerentes às condições de trabalho. Nesse contexto, destaca-se o princípio do *jus variandi*, uma prerrogativa do empregador de realizar alterações no contrato de trabalho, desde que sejam respeitados os limites legais e os direitos fundamentais do trabalhador.

O *jus variandi* confere ao empregador a possibilidade de modificar determinadas condições contratuais de forma unilateral, como local, horário ou modo de execução do trabalho, desde que tais alterações não sejam lesivas ao empregado ou violem as disposições normativas. Essa prerrogativa decorre da subordinação, característica essencial da relação empregatícia, que pressupõe a autoridade do empregador para organizar e dirigir a prestação de serviços.

A CLT prevê limitações ao exercício do *jus variandi*, como expresso no art. 468, que proíbe alterações contratuais que resultem em prejuízo direto ou indireto ao trabalhador, ainda que haja concordância deste. Assim, alterações salariais, redução de benefícios ou mudanças prejudiciais no local de trabalho são, em regra, vedadas. O princípio da irredutibilidade salarial, disposto no art. 7º, inciso VI, da CFl, reforça a proteção ao empregado nesse aspecto.

> **Art. 468.** Nos contratos individuais de trabalho só é lícita a alteração das respectivas condições por mútuo consentimento, e ainda assim desde que não resultem, direta ou indiretamente, prejuízos ao empregado, sob pena de nulidade da cláusula infringente desta garantia.

> **Art. 7º** São direitos dos trabalhadores urbanos e rurais, além de outros que visem à melhoria de sua condição social:
> VI – irredutibilidade do salário, salvo o disposto em convenção ou acordo coletivo;

Alterações no contrato de trabalho podem ser classificadas como lícitas ou ilícitas. Entre as lícitas, destacam-se aquelas realizadas com o consentimento do empregado e as decorrentes de ajustes necessários para manter a funcionalidade empresarial, desde que não representem prejuízo substancial. Por exemplo, mudanças no turno de trabalho ou ajustes no escopo das atividades podem ser autorizados pelo *jus variandi*, se respeitarem os limites da razoabilidade e da proporcionalidade.

A jurisprudência brasileira tem tratado com cautela as questões envolvendo o *jus variandi*. Alterações que afetam o salário, os benefícios ou as condições fundamentais, como o deslocamento para locais distantes ou perigosos, são frequentemente consideradas ilegais se não houver justificativa plausível e expressa previsão contratual.

Um dos principais desafios do *jus variandi* é equilibrar os interesses empresariais com a proteção dos direitos dos trabalhadores. A alteração de contratos pode ser necessária em situações de crise econômica, reestruturação organizacional ou introdução de novas tecnologias, mas tais medidas devem ser acompanhadas de transparência e diálogo com os empregados, priorizando o princípio da dignidade da pessoa humana.

Além disso, o *jus variandi* não pode ser utilizado como forma de coação ou abuso de poder, o que é combatido pelos tribunais trabalhistas. A Justiça do Trabalho tem enfatizado a necessidade de comprovação de razoabilidade e boa-fé na aplicação dessa prerrogativa, evitando distorções que comprometam a relação laboral.

A aplicação em temas como extensão de jornada, modificação de benefícios e transferência de local de trabalho evidencia a importância de um olhar atento às especificidades de cada caso. Por exemplo, mudanças nos horários podem impactar diretamente a vida pessoal e familiar dos empregados, sendo necessário avaliar as implicações sociais dessas medidas, como podemos ver no julgado:

> RESCISÃO INDIRETA. MUDANÇA DO HORÁRIO DE TRABALHO DO EMPREGADO. ALTERAÇÃO DO HORÁRIO DE TRABALHO. O poder diretivo do Empregador para alteração do horário de trabalho encontra **limitações, devendo respeitar as normas pactuadas entre as partes e ao princípio da vedação à alteração contratual lesiva** (TRT-1 – RO: 01010613220195010050 RJ, Relator: MARIA HELENA MOTTA, Data de Julgamento: 19/11/2021, 6ª Turma, Data de Publicação: 02/12/2021).

Da mesma forma, transferências que envolvam altos custos financeiros ou desarraigamento social devem ser justificadas de forma robusta.

O *jus variandi* é uma ferramenta indispensável para a gestão das relações de trabalho, pois permite ao empregador ajustar as condições contratuais de acordo com as necessidades organizacionais e econômicas.

No entanto, seu exercício exige equilíbrio e respeito aos direitos fundamentais do trabalhador, especialmente no que tange à dignidade, à razoabilidade e à boa-fé. O ordenamento jurídico brasileiro estabelece limites claros para evitar abusos e garantir que alterações contratuais não resultem em prejuízo ou desequilíbrio na relação laboral.

Dessa forma, consolida-se como um mecanismo de adaptação, mas que, quando usado de forma inadequada, pode ser judicialmente questionado, reafirmando a importância do diálogo e da transparência no ambiente de trabalho.

VEJA O QUADRO:

Conceitos	Definição	Exemplos	Limitações Legais
Poder Diretivo	Direito do empregador de organizar e fiscalizar as atividades dos trabalhadores.	Definir horários de trabalho. Estabelecer metas e padrões de desempenho.	Deve respeitar as normas da CLT e os princípios de boa-fé e dignidade do trabalhador.

Conceitos	Definição	Exemplos	Limitações Legais
Jus Variandi	Faculdade do empregador de alterar certas condições do contrato de trabalho.	Transferir funcionário para outra filial. Alterar jornada para atender a necessidade do negócio.	Não pode reduzir salário ou causar prejuízo ao empresário. Vedada alteração unilateral lesiva.
Tipos de Alterações	Alterações no contrato permitidas pelo *jus variandi*.	Mudança de função dentro da carga. Mudança de local de trabalho.	Respeitar a função contratada. Mudanças geográficas só podem ocorrer com previsão contratual.
Conexão entre os Dois	O *jus variandi* é uma manifestação prática do poder diretivo, aplicada para ajustar contratos.	O empresário usa o poder diretivo para organizar a força de trabalho e fazer as mudanças conforme necessário.	Mudanças abusivas são passíveis de contestação judicial e, em alguns casos, nulidade.

Fonte: Elaborado pelos autores, 2024.

5 JORNADA DE TRABALHO E INTERVALOS

5.1 Limites da Jornada de Trabalho

Os LIMITES DA JORNADA de trabalho no Brasil são regulamentados por normas constitucionais e infraconstitucionais que visam proteger a saúde física e mental dos trabalhadores, bem como garantir o equilíbrio entre vida profissional e pessoal. A seguir, exploramos os principais aspectos desses limites à luz da legislação trabalhista e das alterações promovidas pela Reforma Trabalhista de 2017.

A CF, no art. 7º, inciso XIII, estabelece que a jornada de trabalho regular não deve exceder 8 horas diárias e 44 horas semanais. Esse limite pode ser ajustado mediante acordo ou convenção coletiva, desde que respeitados os limites constitucionais. Além disso, o empregador pode fixar jornadas menores, como ocorre em algumas categorias profissionais, a exemplo de bancários e telefonistas.

> Art. 7º [...]
> XIII – duração do trabalho normal não superior a oito horas diárias e quarenta e quatro semanais, facultada a compensação de horários e a redução da jornada, mediante acordo ou convenção coletiva de trabalho; (Vide Decreto-Lei nº 5.452, de 1943)

A legislação permite a prorrogação da jornada diária em até 2 horas suplementares, desde que haja acordo entre empregador e empregado, ou esteja prevista em norma coletiva. Essas horas extras devem ser remuneradas com um adicional de, no mínimo, 50% sobre o valor da hora normal, conforme o art. 59, CLT.

> **Art. 59.** A duração diária do trabalho poderá ser acrescida de horas extras, em número não excedente de duas, por acordo individual, convenção coletiva ou acordo coletivo de trabalho. (Redação dada pela Lei nº 13.467, de 2017) (Vigência)

A compensação de jornada também é permitida, desde que seja formalizada por meio de acordo individual escrito ou norma coletiva. Exemplos de regimes compensatórios incluem a semana inglesa, onde o trabalhador trabalha um pouco mais de segunda a sexta para folgar aos sábados, e a semana espanhola, que alterna jornadas semanais de 48 horas e 40 horas.

O regime de 12 horas de trabalho seguidas por 36 horas (12x36) de descanso é admitido em caráter excepcional, desde que previsto em lei, convenção coletiva ou acordo coletivo de trabalho. A Reforma Trabalhista introduziu a possibilidade de formalização desse regime por meio de acordo individual escrito, mas sua constitucionalidade é questionada, especialmente pela vulnerabilidade do trabalhador ao negociar individualmente com o empregador.

Antes da Reforma Trabalhista, o tempo à disposição do empregador, incluindo deslocamento em locais de difícil acesso e o período entre a portaria da empresa e o local de trabalho, era computado na jornada. Entretanto, a reforma alterou significativamente essa regra.

O tempo de deslocamento (horas *in itinere*) não é mais considerado parte da jornada, mesmo quando o transporte é fornecido pelo empregador (art. 58, § 2º, CLT).

> **Art. 58.** A duração normal do trabalho, para os empregados em qualquer atividade privada, não excederá de 8 (oito) horas diárias, desde que não seja fixado expressamente outro limite.
> O tempo despendido pelo empregado desde a sua residência até a efetiva ocupação do posto de trabalho e para o seu retorno, caminhando ou por qualquer meio de transporte, inclusive o fornecido pelo empregador, não será computado na jornada de trabalho, por não ser tempo à disposição do empregador.

Minutos residuais, como o tempo gasto em atividades particulares dentro da empresa (troca de uniforme, práticas religiosas, descanso), também foram excluídos do cômputo da jornada.

5.2 Intervalos Intrajornada e Interjornada

Os intervalos intrajornada e interjornada constituem medidas fundamentais para preservar a saúde e a segurança do trabalhador, garantindo o descanso adequado durante e entre jornadas de trabalho.

O intervalo intrajornada, previsto no art. 71 da CLT, é o descanso concedido dentro da própria jornada de trabalho. Seu principal objetivo é proporcionar reposição física e mental ao trabalhador, assegurando condições para a continuidade da prestação de serviços sem comprometer sua saúde e seu bem-estar. De acordo com a duração da jornada, as regras aplicáveis são as seguintes:

> Em jornadas superiores a 6 horas, é obrigatória a concessão de um intervalo de, no mínimo, 1 hora, podendo ser estendido até 2 horas mediante acordo coletivo ou individual.
>
> **Para jornadas entre 4 e 6 horas, deve ser concedido um intervalo de 15 minutos.**
>
> **Jornadas de até 4 horas estão isentas da obrigatoriedade de intervalo, salvo disposições contrárias em normas coletivas.**

Quando o intervalo intrajornada não é integralmente concedido, o empregador deve remunerar o período correspondente com um adicional de, no mínimo, 50% sobre o valor da hora normal. Essa previsão também foi uma grande alteração instituída pela reforma de 2017, que conferiu natureza indenizatória a esse pagamento, reduzindo seus reflexos em outras verbas trabalhistas.

Em determinadas situações, a legislação permite exceções à regra geral. Por exemplo, o art. 71, § 3º, da CLT autoriza a redução do intervalo intrajornada para menos de 1 hora, desde que as instalações da empresa atendam plenamente as normas relativas à organização de refeitórios e que não haja prorrogação da jornada.

5. JORNADA DE TRABALHO E INTERVALOS

> **Art. 71.** Em qualquer trabalho contínuo, cuja duração exceda de 6 (seis) horas, é obrigatória a concessão de um intervalo para repouso ou alimentação, o qual será, no mínimo, de 1 (uma) hora e, salvo acordo escrito ou contrato coletivo em contrário, não poderá exceder de 2 (duas) horas.
>
> **§ 3º** O limite mínimo de uma hora para repouso ou refeição poderá ser reduzido por ato do Ministro do Trabalho, Indústria e Comércio, quando ouvido o Serviço de Alimentação de Previdência Social, se verificar que o estabelecimento atende integralmente às exigências concernentes à organização dos refeitórios, e quando os respectivos empregados não estiverem sob regime de trabalho prorrogado a horas suplementares.

Outro caso de destaque é o dos motoristas e cobradores do transporte coletivo urbano. Conforme disposto no art. 71, § 5º, da CLT, esses profissionais podem usufruir de intervalos fracionados ao longo da jornada, respeitando a integralidade da remuneração e as especificidades do trabalho realizado.

Os trabalhadores de mecanografia, como digitadores, têm direito a um intervalo de 10 minutos a cada 90 minutos trabalhados. Essa previsão, constante do art. 72 da CLT, visa prevenir problemas de saúde decorrentes de atividades repetidas.

> **Art. 72.** Nos serviços permanentes de mecanografia (datilografia, escrituração ou cálculo), a cada período de 90 (noventa) minutos de trabalho consecutivo corresponderá um repouso de 10 (dez) minutos não deduzidos da duração normal de trabalho.

Para os trabalhadores rurais, os intervalos intrajornada devem observar os usos e costumes da região, conforme estabelecido no art. 5º da Lei nº 5.889/73. Já os trabalhadores submetidos a condições de frio extremo, como os que atuam em câmaras frigoríficas, têm garantido o direito a intervalos de recuperação térmica, conforme interpretado pela Súmula nº 438 do TST.

> **Art. 5º** Em qualquer trabalho contínuo de duração superior a seis horas, será obrigatória a concessão de um intervalo para repouso ou alimentação observados os usos e costumes da região, não se computando este intervalo na duração do trabalho. Entre duas jornadas de trabalho haverá um período mínimo de onze horas consecutivas para descanso.

> **Súmula nº 438 do TST**
> **Enunciado**
> **438 INTERVALO PARA RECUPERAÇÃO TÉRMICA DO EMPREGADO. AMBIENTE ARTIFICIALMENTE FRIO. HORAS EXTRAS. ART. 253 DA CLT. APLICAÇÃO ANALÓGICA.** O empregado submetido a trabalho contínuo em ambiente artificialmente frio, nos termos do parágrafo único do art. 253 da CLT, ainda que não labore em câmara frigorífica, tem direito ao intervalo intrajornada previsto no *caput* do art. 253 da CLT. Res. nº 185/2012, **DEJT** divulgado em 25, 26 e 27.09.2012

O intervalo interjornada, por sua vez, refere-se ao descanso mínimo de 11 horas consecutivas entre duas jornadas de trabalho. Previsto no art. 66 da CLT, esse intervalo busca assegurar a recuperação do trabalhador antes do início de um novo ciclo de atividades laborais. O descumprimento dessa regra implica o pagamento das horas subtraídas como extras, acrescidas de adicional de no mínimo 50%, conforme consolidado pela OJ 355 da SDI-I do TST.

> **Art. 66.** Entre 2 (duas) jornadas de trabalho haverá um período mínimo de 11 (onze) horas consecutivas para descanso.

> **355. INTERVALO INTERJORNADAS. INOBSERVÂNCIA. HORAS EXTRAS. PERÍODO PAGO COMO SOBREJORNADA. ART. 66 DA CLT. APLICAÇÃO ANALÓGICA DO § 4º DO ART. 71 DA CLT (DJ 14.03.2008)**O desrespeito ao intervalo mínimo interjornadas previsto no art. 66 da CLT acarreta, por analogia, os mesmos efeitos previstos no § 4º do art. 71 da CLT e na Súmula nº 110 do TST, devendo-se pagar a integralidade das horas que foram subtraídas do intervalo, acrescidas do respectivo adicional.

Entre as situações excepcionais, destaca-se a previsão do art. 245 da CLT, que fixa um intervalo interjornada de 14 horas para cabineiros que atuam em estações de tráfego intenso. No caso de regime de revezamento, a Súmula nº 110 do TST assegura que as horas trabalhadas em prejuízo do intervalo interjornada devem ser remuneradas como extraordinárias, mesmo que respeitado o descanso semanal de 24 horas.

> **Art. 245.** O horário normal de trabalho dos cabineiros nas estações de tráfego intenso não excederá de 8 (oito) horas e deverá ser dividido em 2 (dois) turnos com intervalo não inferior a 1 (uma) hora de repouso, não podendo nenhum turno ter duração superior a 5 (cinco) horas, com um período de descanso entre 2 (duas) jornadas de trabalho de 14 (quatorze) horas consecutivas.

A relevância dos intervalos intrajornada e interjornada transcende a esfera individual do trabalhador. Além de preservar sua saúde e bem-estar, essas pausas contribuem para a manutenção de um ambiente de trabalho seguro e produtivo, reduzindo riscos de acidentes e promovendo maior eficiência nas atividades desempenhadas. Por isso, seu cumprimento não deve ser visto apenas como uma obrigação legal, mas como um elemento essencial para a construção de relações laborais mais justas e equilibradas.

5.3 Horas Extras e Banco de Horas

O regime de horas extras e banco de horas no Direito do Trabalho brasileiro reflete um dos aspectos mais importantes e sensíveis na relação entre empregadores e empregados. Ambos os institutos regulam a prorrogação da jornada de trabalho, seja por meio da retribuição pecuniária ou pela compensação com folgas, estando sujeitos a regras próprias que visam equilibrar os interesses das partes sem violar direitos fundamentais.

O trabalho em sobrejornada é disciplinado pela CF/1988, que, em seu art. 7º, inciso XVI, assegura aos trabalhadores urbanos e rurais o pagamento de, no mínimo, 50% de acréscimo sobre o valor da hora normal. A natureza salarial do adicional de horas extras implica repercussão em outras verbas trabalhistas, como 13º salário, férias, aviso-prévio e FGTS.

> **Art. 7º [...]**
> **XVI** – remuneração do serviço extraordinário superior, no mínimo, em cinquenta por cento à do normal; (Vide Del 5.452, art. 59 § 1º)

Categorias profissionais podem ter acréscimos maiores, como é o caso dos advogados, cujo adicional é fixado em 100%, conforme disposto na Lei nº 8.906/94. A base de cálculo das horas extraordinárias inclui não apenas o salário-base, mas todas as parcelas de natureza salarial que compõem a remuneração, conforme entendimento consolidado na Súmula nº 264 do TST. Verbas como gorjetas ou outras parcelas não salariais, contudo, estão excluídas.

> **Art. 20.** A jornada de trabalho do advogado empregado, quando prestar serviço para empresas, não poderá exceder a duração diária de 8 (oito) horas contínuas e a de 40 (quarenta) horas semanais. (Redação dada pela Lei nº 14.365, de 2022)
> **§ 2º** As horas trabalhadas que excederem a jornada normal são remuneradas por um adicional não inferior a cem por cento sobre o valor da hora normal, mesmo havendo contrato escrito.
>
> **Súmula nº 264 do TST**
> **Enunciado**
> **264 HORA SUPLEMENTAR. CÁLCULO.** A remuneração do serviço suplementar é composta do valor da hora normal, integrado por parcelas de natureza salarial e acrescido do adicional previsto em lei, contrato, acordo, convenção coletiva ou sentença normativa. (mantida) – Res. nº 121/2003, **DJ** 19, 20 e 21.11.2003

A habitualidade na prestação de horas extras pode levar à incorporação dessa parcela ao salário para efeito de cálculo de indenizações e demais direitos. Ademais, a supressão das horas extras habituais, nos termos da Súmula nº 291 do TST, assegura ao empregado o direito à indenização correspondente ao valor de um mês das horas suprimidas para cada ano ou fração superior a seis meses de prestação.

Súmula nº 291 do TST
Enunciado
291 HORAS EXTRAS. HABITUALIDADE. SUPRESSÃO. INDENIZAÇÃO. A supressão total ou parcial, pelo empregador, de serviço suplementar prestado com habitualidade, durante pelo menos 1 (um) ano, assegura ao empregado o direito à indenização correspondente ao valor de 1 (um) mês das horas suprimidas, total ou parcialmente, para cada ano ou fração igual ou superior a seis meses de prestação de serviço acima da jornada normal. O cálculo observará a média das horas suplementares nos últimos 12 (doze) meses anteriores à mudança, multiplicada pelo valor da hora extra do dia da supressão. (Nova redação em decorrência do julgamento do processo TST-IUJERR 10700-45.2007.5.22.0101) – Res. nº 174/2011, **DEJT** divulgado em 27, 30 e 31.05.2011

5.3.1 Banco de Horas

O banco de horas surge como uma alternativa ao pagamento das horas extraordinárias, permitindo a compensação do tempo trabalhado além da jornada com folgas futuras. Antes da Lei nº 13.467/2017, sua instituição dependia de convenção ou acordo coletivo de trabalho, com prazo máximo de compensação de um ano, conforme dispunha o art. 59 da CLT.

Com a Reforma Trabalhista, foi introduzida maior flexibilização ao regime de banco de horas, autorizando sua criação mediante acordo individual escrito entre empregador e empregado, desde que a compensação ocorra em até seis meses. Além disso, a nova legislação permite, em casos excepcionais, o banco de horas por acordo tácito, desde que o período de compensação seja encerrado no mesmo mês em que a sobrejornada foi realizada.

Esse alargamento das possibilidades de instituição do banco de horas gerou debates intensos na doutrina e na jurisprudência. De um lado, argumenta-se que a medida atende às necessidades de flexibilização das relações de trabalho e modernização das normas. Por outro, levanta-se a preocupação com o potencial enfraquecimento da proteção do trabalhador, especialmente diante do desequilíbrio de forças na relação empregatícia.

Um dos pontos mais controversos é a questão da validade dos acordos individuais para a compensação de jornada, considerando-se os princípios constitucionais da valorização do trabalho humano e da dignidade da pessoa do trabalhador. Críticos apontam que a negociação coletiva oferece maior garantia de equilíbrio e de observação dos limites impostos pela legislação trabalhista.

Nas palavras de Carlos Henrique Bezerra Leite (2019 p. 284):

> A Lei 13.467/2017, no entanto, alterou o art. 59 da CLT para permitir, em seus §§ 5º e 6º, o banco de horas e o regime de compensação por meio de acordos individuais, sendo que neste último caso, inclusive, por meio de acordo tácito. Essas disposições, a nosso sentir, violam os princípios constitucionais da vedação do retrocesso social e do valor social do trabalho, além de colocarem os trabalhadores em condições de extrema vulnerabilidade diante do poder empregatício patronal, mormente nos momentos de crise econômica e de desemprego estrutura.

Ademais, o descumprimento das regras de compensação acarreta a nulidade do banco de horas, gerando ao empregador a obrigatoriedade de pagar todas as horas extras com os respectivos adicionais. A jurisprudência trabalhista tem se posicionado de forma rigorosa quanto à comprovação do cumprimento dos requisitos legais para a validade do banco de horas, especialmente no que tange à formalização e à transparência no controle da jornada.

Outro tema relevante é a compensação de horas em atividades insalubres, que depende de prévia autorização do Ministério do Trabalho, conforme o art. 60 da CLT. Essa exigência visa preservar a saúde e a segurança dos trabalhadores expostos a condições adversas.

Art. 60. Nas atividades insalubres, assim consideradas as constantes dos quadros mencionados no capítulo "Da Segurança e da Medicina do Trabalho", ou que neles venham a ser incluídas por ato do Ministro do Trabalho, Indústria e Comércio, quaisquer prorrogações só poderão ser acordadas mediante licença prévia das autoridades competentes em matéria de higiene do trabalho, as quais, para esse efeito, procederão aos necessários exames locais e à verificação dos métodos e processos de trabalho, quer diretamente, quer por intermédio de autoridades sanitárias federais, estaduais e municipais, com quem entrarão em entendimento para tal fim.

A regulamentação das horas extras e do banco de horas é um dos pilares do Direito do Trabalho, buscando compatibilizar as necessidades de flexibilidade das empresas com a proteção dos direitos dos empregados. A evolução normativa reflete os desafios de adaptação às novas dinâmicas produtivas, mas também reforça a importância de salvaguardar condições justas e dignas de trabalho.

Apesar dos avanços, a efetividade das regras depende do constante monitoramento das relações de trabalho e da aplicação rigorosa da legislação pelos órgãos competentes. O desafio permanece em assegurar que a flexibilização não se converta em precarização, mas em um instrumento de harmonização entre produtividade e valorização do trabalho humano.

6 REMUNERAÇÃO E SALÁRIO

A COMPREENSÃO SOBRE OS conceitos de salário e remuneração é fundamental para a análise das relações trabalhistas. Ambos os termos são frequentemente utilizados como sinônimos, mas possuem diferenças conceituais importantes, que impactam direitos, obrigações e benefícios nas relações de trabalho.

Salário é a contraprestação paga pelo empregador ao empregado em razão do contrato de trabalho, seja pelo trabalho efetivo, pela disponibilidade do trabalhador, ou por períodos de interrupção do contrato. Segundo Amauri Mascaro Nascimento (1992 p. 1135), o salário inclui "todas as percepções econômicas dos trabalhadores, qualquer que seja a forma ou meio de pagamento, quer retribuam o trabalho efetivo ou períodos de interrupção do contrato de trabalho" (salário e remuneração).

A remuneração, por sua vez, é um conceito mais abrangente que o salário. Conforme o art. 457 da CLT, a remuneração compreende o salário pago diretamente pelo empregador e outros valores como gorjetas, gratificações e comissões. Dessa forma, remuneração é considerada o gênero do qual o salário é uma espécie (salário e remuneração).

> **Art. 457.** Compreendem-se na remuneração do empregado, para todos os efeitos legais, além do salário devido e pago diretamente pelo empregador, como contraprestação do serviço, as gorjetas que receber. (Redação dada pela Lei nº 1.999, de 1.10.1953)

VEJA O ESQUEMA PARA ENTENDER MELHOR!

Aspecto	Salário	Remuneração
Composição	Contraprestação fixa estipulada. Gratificações legais e de função. Comissões	Salário-base. Gorjetas espontâneas ou cobradas pela empresa. Comissões variáveis. Prêmios e abonos habituais.
Abrangência	Limitada à contraprestação diretamente paga pelo empregador ao empregado.	Mais ampla, englobando o salário e outras parcelas adicionais de natureza remuneratória.
Base Jurídica	Regulada pelo § 1º do art. 457 da CLT.	Definida no *caput* do art. 457 da CLT e nos parágrafos subsequentes, considerando elementos adicionais como gorjetas e prêmios.
Implicações Jurídicas	Protegido por normas como a irredutibilidade salarial (art. 7º, VI, da CF) e a intangibilidade do salário.	Considerado na base de cálculo para contribuições trabalhistas e previdenciárias, como FGTS, férias e 13º salário.
Finalidade	Retribuição direta pelo trabalho realizado ou pelo tempo à disposição do empregador.	Totalidade dos ganhos recebidos pelo empregado como contraprestação pelo trabalho, incluindo vantagens adicionais.

Fonte: Elaborado pelos autores, 2024.

6.1 Formas de Pagamento

As formas de pagamento aos trabalhadores refletem a diversidade das relações laborais e das condições em que o trabalho é executado. No Direito do Trabalho brasileiro, essas formas são disciplinadas pela CLT e por outros dispositivos normativos, sempre com o objetivo de assegurar justiça nas relações entre empregadores e empregados. Cada tipo de pagamento possui características e finalidades específicas, podendo variar conforme o contrato de trabalho, os instrumentos coletivos ou a legislação aplicável.

O salário é a forma mais básica de pagamento, representando a contraprestação fixa estipulada no contrato individual de trabalho. Ele é pago diretamente pelo empregador, normalmente em períodos mensais ou quinzenais, e constitui o núcleo principal da remuneração do trabalhador. A periodicidade e o valor do salário devem respeitar as disposições legais e contratuais, sendo protegidos por princípios como a irredutibilidade e a intangibilidade. Além disso, o salário-base serve de referência para o cálculo de diversos direitos trabalhistas, como FGTS, férias remuneradas e 13º salário.

Outro elemento comum nas formas de pagamento são as comissões, amplamente utilizadas em atividades que dependem de produtividade ou resultados, como no comércio e na prestação de serviços. As comissões são calculadas com base no desempenho do trabalhador, seja pela unidade de obra produzida ou pelo volume de vendas realizadas. O pagamento pode ocorrer de forma variável, atrelado ao percentual sobre os resultados, e muitas vezes complementa o salário fixo. As comissões são consideradas parte integrante do salário quando pagas regularmente, o que lhes confere natureza salarial para todos os efeitos legais.

Além do salário e das comissões, há outras formas de pagamento que enriquecem a remuneração do empregado, como as gorjetas, que podem ser espontâneas, entregues diretamente pelos clientes ao trabalhador, ou obrigatórias, cobradas pela empresa como adicional nas contas e posteriormente distribuídas entre os empregados. As gorjetas são legalmente reconhecidas como parte da remuneração, embora não sejam incluídas no salário para o cálculo de algumas parcelas trabalhistas, conforme a Súmula nº 354 do TST.

> **Súmula nº 354 do TST**
> **Enunciado**
> **354 GORJETAS. NATUREZA JURÍDICA. REPERCUSSÕES.** As gorjetas, cobradas pelo empregador na nota de serviço ou oferecidas espontaneamente pelos clientes, integram a remuneração do empregado, não servindo de base de cálculo para as parcelas de aviso-prévio, adicional noturno, horas extras e repouso semanal remunerado. (mantida) – Res. nº 121/2003, **DJ** 19, 20 e 21.11.2003

Os prêmios e as gratificações também se destacam entre as formas de pagamento aos trabalhadores. Os prêmios consistem em liberalidades concedidas pelo empregador como forma de reconhecimento ao desempenho superior do empregado, podendo ser entregues em dinheiro, bens ou serviços. Já as gratificações podem ser legais, como aquelas previstas em instrumentos normativos, ou contratuais, pactuadas diretamente com o trabalhador, como a gratificação por função. Ambos os pagamentos podem ter natureza habitual ou eventual, influenciando sua classificação como salarial ou não salarial.

Outra forma importante de pagamento são os abonos, frequentemente utilizados como antecipações de reajustes salariais ou como compensações temporárias. Quando pagos regularmente, os abonos integram o salário para todos os efeitos legais, tornando-se uma garantia adicional ao trabalhador.

Adicionais como os de insalubridade, periculosidade, hora extra e trabalho noturno também desempenham um papel fundamental na composição dos pagamentos. Esses valores são devidos em situações que demandam maior esforço ou exposição do trabalhador a condições adversas, funcionando como compensação pelos riscos ou desconfortos vivenciados no exercício de suas funções. Esses adicionais possuem natureza salarial e integram a base de cálculo de outros direitos, como férias, 13º salário e FGTS.

Além disso, existem pagamentos de natureza indenizatória ou instrumental, como a ajuda de custo e as diárias para viagem. Esses valores, quando respeitam os limites legais, não integram o salário e são destinados a reembolsar o trabalhador por despesas relacionadas ao desempenho de suas atividades. No entanto, quando ultrapassam os valores permitidos ou são pagos de forma habitual, podem adquirir caráter salarial, gerando impacto nas obrigações trabalhistas do empregador.

NATUREZAS E IMPACTOS DOS COMPONENTES DO PAGAMENTO:

Forma de Pagamento	Origem/ Natureza	Exemplos	Impacto Jurídico
Salário	Fixo, estipulado no contrato individual de trabalho.	Salário-base mensal ou quinzenal.	Base para cálculo de FGTS, férias, 13º salário; protegido por irredutibilidade e intangibilidade.
Comissões	Variável, proporcional à produção ou às vendas.	Percentual sobre vendas, produtividade por unidade.	Integram o salário quando habitual; direitos trabalhistas aplicáveis.
Gorjetas	Valor adicional pago pelos clientes, espontâneo ou obrigatório.	Gorjetas distribuídas em restaurantes.	Parte dos remunerados; não integram algumas parcelas trabalhistas como aviso-prévio.
Prêmios	Liberalidade do empregador por desempenho superior.	Bonificação em dinheiro, bens ou serviços.	Integram a remuneração, se habitual; podem ter natureza não salarial, se esporádicos.
Gratificações	Valor pago como reconhecimento ou função especial.	Gratificação de função ou por resultados específicos.	Integram o salário, dependendo de sua natureza e periodicidade.
Abonos	Pagamento extra, ocasionalmente temporário ou compensatório.	Abonos salariais para antecipação de reajustes.	Integram o salário quando habitual; regulam o projeto de direitos trabalhistas.
Adicionais	Compensação por condições adversas de trabalho.	Adicional de insalubridade, periculosidade, horas extras.	Natureza salarial; base para cálculo de outros direitos.

Forma de Pagamento	Origem/ Natureza	Exemplos	Impacto Jurídico
Ajuda de Custo/ Diárias	Ressarcimento por despesas relacionadas ao trabalho.	Diárias de viagem, transporte, alimentação.	Natureza não salarial, exceto quando ultrapassarem limites legais ou forem pagos com habitualidade.

Fonte: Elaborado pelos autores, 2024.

As diferentes formas de pagamento refletem a complexidade e a dinamicidade das relações de trabalho, sendo essenciais para atender às particularidades de cada vínculo empregatício. Entender a natureza e os efeitos jurídicos de cada uma dessas parcelas é fundamental para a garantia dos direitos dos trabalhadores e o cumprimento das obrigações legais por parte dos empregadores, promovendo um equilíbrio entre as partes e o respeito às normas que regem o Direito do Trabalho.

Por fim, destaca-se ser vedado o **salário complessivo** no Direito do Trabalho brasileiro. Trata-se de uma forma irregular de pagamento em que o empregador paga um valor único (global) ao empregado sem discriminar as parcelas salariais que o compõem (salário-base, adicional de periculosidade, horas extras, comissões, gratificações, etc.). Desse modo, viola a transparência e dificulta a verificação dos direitos trabalhistas e o cálculo de indenização e reflexos salariais.

6.2 Salário-Mínimo e Piso Salarial

O salário-mínimo é um dos pilares fundamentais do Direito do Trabalho, concebido para assegurar ao trabalhador e sua família uma condição de vida digna. Este conceito encontra-se arraigado na CF/1988, que, em seu art. 7º, inciso IV, o define como direito fundamental dos trabalhadores urbanos e rurais, estabelecendo que é vedada sua vinculação para qualquer fim que não seja o de remuneração no contexto trabalhista.

> **Art. 7º São direitos dos trabalhadores urbanos e rurais, além de outros que visem à melhoria de sua condição social:**
> **IV** – salário-mínimo, fixado em lei, nacionalmente unificado, capaz de atender a suas necessidades vitais básicas e às de sua família com moradia, alimentação, educação, saúde, lazer, vestuário, higiene, transporte e previdência social, com reajustes periódicos que lhe preservem o poder aquisitivo, sendo vedada sua vinculação para qualquer fim;

Conforme o art. 76 da CLT, o salário-mínimo é a contraprestação paga diretamente pelo empregador, suficiente para suprir as necessidades vitais básicas do trabalhador e de sua família em relação à moradia, alimentação, educação, saúde, lazer, vestuário, higiene, transporte e previdência social. Este conceito reflete a perspectiva protetiva do Direito do Trabalho, alinhada aos princípios da dignidade da pessoa humana e da valorização do trabalho.

> **Art. 76.** Salário-mínimo é a contraprestação mínima devida e paga diretamente pelo empregador a todo trabalhador, inclusive ao trabalhador rural, sem distinção de sexo, por dia normal de serviço, e capaz de satisfazer, em determinada época e região do País, as suas necessidades normais de alimentação, habitação, vestuário, higiene e transporte.

A primeira legislação sobre salário-mínimo surgiu na Nova Zelândia, em 1894, nas palavras de Hugo Leonardo Alves de Mendonça (2017, p. 8):

> A prática da regulamentação de um salário-mínimo começou na virada do século XX pela Austrália e Nova Zelândia. A ideia inicial era usá-lo a fim de prevenir e resolver certos conflitos trabalhistas, e não demorou muito para o sistema de fixação de um piso salarial se espalhar por boa parte dos estados australianos.

No Brasil, o salário-mínimo foi instituído pela Lei nº 185, de 1936, sendo regulamentado pelo Decreto-Lei nº 399, de 1938. Desde então, sofreu diversas alterações, incluindo a unificação nacional prevista pela CF/1988, que determinou ajustes periódicos para preservar seu poder aquisitivo.

LEI Nº 185, DE 14 DE JANEIRO DE 1936[1]
Instituem as comissões de salário-mínimo.
O Presidente da República dos Estados Unidos do Brasil:
Faço saber que o Poder Legislativo decreta, e eu sancciono, a seguinte lei:
Art. 1º Todo trabalhador tem direito, em pagamento do serviço prestando, num salário mínimo capaz de satisfazer, em determinada região do Paiz e em determinada época, das suas necessidades normais de alimentação, habitação, vestuário, higiene e transporte.

O salário-mínimo possui caráter inalienável, ou seja, é juridicamente protegido contra negociações que possam resultar na sua redução. A CLT, no seu art. 611-B, inciso IV, proíbe expressamente que convenções ou acordos coletivos estipulem condições menos favoráveis que o salário-mínimo.

Art. 611-B. Constituem objeto ilícito de convenção coletiva ou de acordo coletivo de trabalho, exclusivamente, a supressão ou a redução dos seguintes direitos: (Incluído pela Lei nº 13.467, de 2017)
IV – Salário-mínimo; (Incluído pela Lei nº 13.467, de 2017)

Ademais, a Súmula Vinculante nº 4 do Supremo Tribunal Federal (STF) estabelece que o salário-mínimo não pode ser utilizado como indexador de bases de cálculo para vantagens de servidores públicos ou empregados, nem substituído por decisão judicial.

Isso reflete a preocupação com a preservação da função social e econômica do salário-mínimo. Ao proibir sua utilização como indexador de bases de cálculo para vantagens ou benefícios, busca-se evitar que ele seja empregado como referência genérica em situações que não guardem relação direta com a remuneração do trabalho. Essa vedação impede que flutuações no salário-mínimo gerem impactos desproporcionais em contratos públicos ou privados, preservando sua essência de instrumento voltado à garantia das condições básicas de subsistência dos trabalhadores.

---

1 Legislação Informatizada – Lei nº 185, de 14 de janeiro de 1936 – Publicação Original.

> **Súmula vinculante nº 4**
> **Enunciado**
> Salvo nos casos previstos na Constituição, o salário-mínimo não pode ser usado como indexador de base de cálculo de vantagem de servidor público ou de empregado, nem ser substituído por decisão judicial.

O art. 7º, inciso IV, também veda a vinculação do salário-mínimo a parâmetros diversos, como a indexação de dívidas ou contratos civis. Essa proteção busca evitar que oscilações no salário-mínimo impactem negativamente a economia e, ao mesmo tempo, garantir que sua função essencial – assegurar um patamar mínimo de subsistência – não seja desvirtuada.

No plano internacional, o princípio do salário-mínimo foi consagrado pelo Tratado de Versalhes, em 1919, e reafirmado em convenções da OIT, como a Convenção 131, que incentiva os países a adotarem mecanismos de proteção salarial para trabalhadores em situação de vulnerabilidade. Nas palavras de Carlos Henrique Bezerra Leite (2019, p. 708):

> Com o advento do Tratado de Versalhes é que o salário deixa de ser simples componente do custo final da produção dos bens e dos serviços, passando a ser disciplinado internacionalmente como forma de socialização, de valorização e de retribuição do trabalho humano, bem como de subsistência do trabalhador e de sua família.

Embora relacionados, os conceitos de salário-mínimo, piso salarial e salário profissional têm diferenças marcantes. O salário-mínimo é o patamar nacional unificado e geral. O piso salarial, previsto no art. 7º, inciso V, da CF, é fixado por categoria ou região, levando em conta a complexidade e a extensão do trabalho. Já o salário profissional é regulamentado por leis específicas, como para engenheiros (Lei nº 4.950-A/66) e médicos (Lei nº 3.999/61), e estabelece valores mínimos proporcionais à jornada de trabalho.

> Dispõe sobre a remuneração de profissionais diplomados em Engenharia, Química, Arquitetura, Agronomia e Veterinária.
>
> Altera o salário-mínimo dos médicos e cirurgiões dentistas.

O salário-mínimo é um instrumento de justiça social, destinado a promover a equidade nas relações de trabalho. Sua proteção jurídica contra reduções ou usos indevidos reflete a preocupação com os princípios constitucionais da dignidade da pessoa humana e da função social do trabalho.

Por conseguinte, a discussão sobre o salário-mínimo transcende questões econômicas, representando um compromisso do Estado e da sociedade com a promoção de condições mínimas para uma vida digna e justa.

Nos últimos quatro anos, o salário-mínimo no Brasil apresentou reajustes anuais que refletiram a política de valorização e a necessidade de compensar a inflação acumulada. Em 2020, o valor era de R$ 1.045,00, após um reajuste de 4,68%.[2] Em 2021, subiu para R$ 1.100,00, um aumento de 5,26%. Já em 2022, o salário-mínimo foi fixado em R$ 1.212,00, representando um reajuste de 10,18%, um dos mais significativos do período recente devido à alta inflação naquele ano. Em 2023, foi ajustado inicialmente para R$ 1.302,00 e, posteriormente, em maio, para R$ 1.320,00.

Em 2024, o valor alcançou R$ 1.412,00, com um reajuste de 6,97%,[3] buscando preservar o poder de compra dos trabalhadores diante da inflação acumulada e garantindo um pequeno aumento real em relação ao ano anterior.

Ano	Salário-mínimo (R$)	Percentual de reajuste (%)
2020	1.045,00	4,68
2021	1.100,00	5,26
2022	1.212,00	10,18
2023	1.320,00	8,90*
2024	1.412,00	6,97
2025	1.518,00	7,5

(*) Percentual referente ao aumento acumulado em 2023, considerando o reajuste de janeiro e maio.

Fonte: Elaborado pelos autores, 2024.

---

2   Disponível em: https://www.contabeis.com.br/tabelas/salario-minimo/.

3   Disponível em: https://gcmais.com.br/jornalismo/2024/06/12/salario-minimo-2024-confira-a-evolucao-do-valor-nos-ultimos-anos/.

Em suma, a preservação do salário-mínimo como um direito intocável é uma necessidade essencial no Direito do Trabalho. Ele constitui a base da segurança econômica para os trabalhadores, garantindo a satisfação de suas necessidades vitais básicas.

Conforme ressaltado pela legislação e pela jurisprudência, qualquer tentativa de flexibilização que comprometa sua integridade violaria a função social do trabalho e os princípios constitucionais da dignidade humana. Assim, mantê-lo como um direito inalienável não é apenas uma medida de justiça social, mas também uma primazia fundamental para assegurar a proteção do trabalhador diante das dinâmicas do mercado e das oscilações econômicas, reafirmando o compromisso do Estado com a equidade e a estabilidade nas relações laborais.

Nesse toar vejamos jurisprudências dos Tribunais Regionais do Trabalho sobre a integridade do salário-mínimo:

> **DIFERENÇA SALARIAL. REMUNERAÇÃO INFERIOR AO SALÁRIO-MÍNIMO LEGAL.** É garantia constitucional a remuneração não inferior ao salário-mínimo legal para o trabalho mensal com a jornada de trabalho de oito horas (art. 7º, IV, CF/1988). Ausente comprovação de regular quitação da contraprestação mensal do trabalho desempenhando pelo demandante em favor da demandada, devida a diferença salarial postulada. DEDUÇÃO DE VALORES PAGOS A IDÊNTICO TÍTULO. Havendo o demandante confirmado o recebimento parcial de férias e 13º salário, devida a dedução dos referidos valores, quanto da liquidação do julgado (TRT-13 – ROT: 00001693720215130010 0000169-37.2021.5.13.0010, Data de Julgamento: 17/05/2022, 1ª Turma, Data de Publicação: 24/05/2022).

E mais:

> **DANO MORAL. CONTRAPRESTAÇÃO INFERIOR AO SALÁRIO-MÍNIMO NACIONAL. JORNADA LEGAL INTEGRAL. CONFIGURAÇÃO.** A Constituição Federal, através de seu art. 7º, IV, incluiu a garantia do salário-mínimo dentre os direitos sociais da classe trabalhadora, com o intuito de evitar o arbítrio absoluto do empregador na fixação do valor a ser pago, garantindo valor mínimo que atendesse as necessidades básicas do trabalhador e de sua família. Comprovado que o pagamento de contraprestação por serviços realizados (TRT-15 – RO: 14474 SP 014474/2010, Relator: ANA MARIA DE VASCONCELLOS, Data de Publicação: 19/03/2010).

Já o piso salarial é definido como o valor mínimo que pode ser pago a uma categoria profissional ou a determinadas profissões dentro de uma categoria, servindo como garantia de remuneração mais elevada em função das especificidades do trabalho. Ele é um instrumento jurídico que promove a diferenciação salarial com base na complexidade e na extensão das atividades exercidas, respeitando o princípio da equidade.

Conforme disposição do art. 7º, inciso V, da CF/1988, o piso salarial é um direito fundamental, proporcional à extensão e à complexidade do trabalho desempenhado.

> **Art. 7º** São direitos dos trabalhadores urbanos e rurais, além de outros que visem à melhoria de sua condição social:
> V – piso salarial proporcional à extensão e à complexidade do trabalho;

Ao contrário do salário-mínimo, o piso salarial não possui abrangência universal. Ele é geralmente definido por meio de convenções e acordos coletivos, reconhecidos como fontes formais do Direito do Trabalho pela própria Constituição.

Essa normatização permite a valorização de categorias profissionais específicas, como médicos, engenheiros, professores e outras que possuem pisos definidos por legislações específicas. Exemplo disso é a Lei nº 11.738/2008, que fixa o piso salarial nacional dos profissionais do magistério público da educação básica, reforçando a relevância de um valor mínimo compatível com as qualificações e responsabilidades dessas funções.

> **LEI Nº 11.738, DE 16 DE JULHO DE 2008**
> Regulamenta a alínea "e" do inciso III do *caput* do art. 60 do Ato das Disposições Constitucionais Transitórias, para instituir o piso salarial profissional nacional para os profissionais do magistério público da educação básica.
> **O PRESIDENTE DA REPÚBLICA** Faço saber que o Congresso Nacional decreta e eu sanciono a seguinte Lei:
> **Art. 1º** Esta Lei regulamenta o piso salarial profissional nacional para os profissionais do magistério público da educação básica a que se refere a alínea "e" do inciso III do *caput* do art. 60 do Ato das Disposições Constitucionais Transitórias.

Adicionalmente, a Lei Complementar nº 103/2000 delega aos Estados e ao Distrito Federal a competência para instituir pisos salariais regionais para categorias não abrangidas por acordos ou legislações específicas, desde que respeitem o limite mínimo estabelecido pelo salário-mínimo nacional.

> **LEI COMPLEMENTAR Nº 103, DE 14 DE JULHO DE 2000**
> Autoriza os Estados e o Distrito Federal a instituir o piso salarial a que se refere o inciso V do art. 7º da Constituição Federal, por aplicação do disposto no parágrafo único do seu art. 22.
> **O PRESIDENTE DA REPÚBLICA** Faço saber que o Congresso Nacional decreta e eu sanciono a seguinte Lei Complementar:
>
> **Art. 1º** Os Estados e o Distrito Federal ficam autorizados a instituir, mediante lei de iniciativa do Poder Executivo, o piso salarial de que trata o inciso V do art. 7º da Constituição Federal para os empregados que não tenham piso salarial definido em lei federal, convenção ou acordo coletivo de trabalho.

Essa autonomia permite que realidades econômicas, sociais e regionais sejam consideradas, ampliando a proteção aos trabalhadores. Importante destacar que, mesmo na existência de um piso salarial, este jamais poderá ser inferior ao salário-mínimo nacional, garantindo que o valor básico da remuneração esteja alinhado à manutenção da dignidade humana.

A coexistência do piso salarial com o salário-mínimo evidencia o compromisso do Direito do Trabalho com a valorização das relações laborais e a justiça social.

Enquanto o salário-mínimo estabelece o patamar mínimo para a sobrevivência digna, o piso salarial amplia essas garantias para categorias específicas, assegurando a proporcionalidade entre remuneração e qualificação. Assim, sua aplicação reflete o princípio da norma mais favorável, reforçando a função protetiva do Direito do Trabalho e promovendo maior equidade entre os trabalhadores.

6.3 Adicionais

Os adicionais salariais são parcelas acessórias à remuneração do trabalhador, previstas legalmente ou em instrumentos normativos, e visam compensar situações específicas decorrentes das condições ou características do trabalho. Eles estão dispostos principalmente na CLT, além de em normas regulamentadoras do Ministério do Trabalho e Emprego (MTE). A CF também aborda o tema no art. 7º, que garante aos trabalhadores adicionais para atividades penosas, insalubres, perigosas ou noturnas, reforçando sua importância como instrumento de proteção e valorização do trabalho.

A principal relevância dos adicionais está em sua função compensatória e protetiva, pois reconhecem condições diferenciadas que podem impactar a saúde, a segurança ou o bem-estar do trabalhador. Além disso, os adicionais promovem o equilíbrio nas relações laborais ao proporcionar remuneração mais justa em função das adversidades enfrentadas no ambiente de trabalho. Essa proteção tem como objetivo não apenas garantir condições dignas, mas também incentivar medidas preventivas por parte dos empregadores, como a adoção de equipamentos ou métodos que eliminem ou reduzam os riscos.

Os adicionais podem ter natureza salarial ou indenizatória, dependendo de sua finalidade. Adicionais de natureza salarial, como os de periculosidade e insalubridade, integram a remuneração e refletem no cálculo de outros direitos trabalhistas, como 13º salário, férias e FGTS.

Já os de natureza indenizatória são pagos sem se incorporar à remuneração, destinando-se a compensar danos ou custos específicos relacionados ao trabalho. Essa distinção é essencial para definir os impactos do adicional nos demais aspectos da relação trabalhista.

6.3.1 Insalubridade

O adicional de insalubridade é um benefício de natureza salarial concedido ao trabalhador que exerce atividades em condições prejudiciais à saúde, devido à exposição a agentes nocivos físicos, químicos ou biológicos que ultrapassem os limites de tolerância definidos por normas técnicas. Este adicional está previsto no art. 189 da CLT e encontra regulamentação específica na Norma Regulamentadora nº 15 (NR-15) do MTE. A CF, no art. 7º, inciso XXIII, também garante a remuneração adicional para atividades insalubres.

> **Art. 189.** Serão consideradas atividades ou operações insalubres aquelas que, por sua natureza, condições ou métodos de trabalho, exponham

os empregados a agentes nocivos à saúde, acima dos limites de tolerância fixados em razão da natureza e da intensidade do agente e do tempo de exposição aos seus efeitos. (Redação dada pela Lei nº 6.514, de 22.12.1977)

A norma regulamentadora foi originalmente editada pela Portaria MTb nº 3.214, de 8 de junho de 1978, estabelecendo as "Atividades e Operações Insalubres", de forma a regulamentar os arts. 189 a 196 da CLT, conforme redação dada pela Lei nº 6.514, de 22 de dezembro de 1977, que alterou o Capítulo V (da Segurança e da Medicina do Trabalho) da CLT.[4]

O percentual do adicional varia conforme o grau de insalubridade identificado. Em caso de grau máximo, o percentual é de 40%; no grau médio, 20%; e no grau mínimo, 10%. Esses percentuais são aplicados sobre o salário do empregado, conforme critério fixado em lei ou instrumento coletivo, podendo incidir sobre o salário contratual ou outra base definida por norma específica. A definição do grau de insalubridade é realizada por meio de perícia técnica, obrigatoriamente conduzida por profissional habilitado (engenheiro ou médico do trabalho).

A eliminação ou neutralização do agente nocivo, como o fornecimento de equipamentos de proteção individual (EPIs) adequados e certificados, pode afastar o direito ao adicional, desde que seja comprovada a eficácia dessas medidas.

O adicional de insalubridade compõe a remuneração do empregado, integrando-se ao cálculo de outras parcelas trabalhistas, como férias, 13º salário, aviso-prévio, horas extras e FGTS, conforme o entendimento jurisprudencial consolidado no TST. Sua natureza salarial reflete sua função compensatória e protetiva, reconhecendo o impacto das condições de trabalho adversas na saúde do trabalhador, como fundamento o TST neste julgado:

---

4   Disponível em: https://www.gov.br/trabalho-e-emprego/pt-br/acesso-a-informacao/participacao-social/conselhos-e-orgaos-colegiados/comissao-tripartite-partitaria-permanente/normas-regulamentadora/normas-regulamentadoras-vigentes/norma-regulamentadora-no-15-nr-15.

> EMBARGOS DE DECLARAÇÃO EM RECURSO DE REVISTA COM AGRAVO OPOSTOS PELO RECLAMANTE. ADICIONAL DE INSALUBRIDADE. VIBRAÇÃO. REGIÃO OU ZONA B DA ISO 2.631-1. REFLEXOS. Constou expressamente do acórdão a condenação da reclamada ao pagamento dos reflexos do adicional de insalubridade. Com efeito, nos termos da Súmula 139 do TST, enquanto percebido, referido adicional integra a remuneração para todos os efeitos legais. Dessa forma, os reflexos legais são naturalmente devidos e não deixaram de ser deferidos. Todavia, a respeito dos reflexos pleiteados sobre RSR, ressalte-se que, nos termos do art. 7º, § 2º, da Lei 605/49, os dias de repouso semanal do empregado mensalista ou quinzenalista já estão remunerados no salário. Assim, não há de se falar em tal repercussão. Inexistência dos vícios previstos no art. 1.022 do NCPC e 897-A da CLT. Embargos de declaração não providos (TST – ED-ARR: 00119360920155030092, Relator: Delaide Alves Miranda Arantes, Data de Julgamento: 29/11/2022, 8ª Turma, Data de Publicação: 12/12/2022).

Aplica-se o adicional de insalubridade em situações em que o empregado está exposto a agentes prejudiciais como ruído excessivo, poeiras, compostos químicos (como solventes e hidrocarbonetos), agentes biológicos (encontrados em hospitais, laboratórios ou no manuseio de resíduos orgânicos), entre outros. Tais condições devem estar classificadas no rol taxativo da NR.

6.3.2 Periculosidade

O adicional de periculosidade é uma compensação financeira devida ao trabalhador que exerce atividades em condições de risco acentuado à sua integridade física. Esse adicional visa proteger o trabalhador, proporcionando uma remuneração mais justa para aqueles expostos a situações perigosas, que podem resultar em danos graves ou até fatais. O adicional está previsto na CLT, no art. 193, e regulamentado pela Norma Regulamentadora nº 16 (NR-16) do MTE.

> **Art. 193.** São consideradas atividades ou operações perigosas, na forma da regulamentação aprovada pelo Ministério do Trabalho e Emprego, aquelas que, por sua natureza ou métodos de trabalho, impliquem risco acentuado em virtude de exposição permanente do trabalhador a: (Redação dada pela Lei nº 12.740, de 2012)

I – inflaZmáveis, explosivos ou energia elétrica; (Incluído pela Lei nº 12.740, de 2012)
II – roubos ou outras espécies de violência física nas atividades profissionais de segurança pessoal ou patrimonial; (Incluído pela Lei nº 12.740, de 2012)
III – colisões, atropelamentos ou outras espécies de acidentes ou violências nas atividades profissionais dos agentes das autoridades de trânsito. (Incluído pela Lei nº 14.684, de 2023)
§ 1º O trabalho em condições de periculosidade assegura ao empregado um adicional de 30% (trinta por cento) sobre o salário sem os acréscimos resultantes de gratificações, prêmios ou participações nos lucros da empresa. (Incluído pela Lei nº 6.514, de 22.12.1977)
§ 2º O empregado poderá optar pelo adicional de insalubridade que porventura lhe seja devido. (Incluído pela Lei nº 6.514, de 22.12.1977)
§ 3º Serão descontados ou compensados do adicional outros da mesma natureza eventualmente já concedidos ao vigilante por meio de acordo coletivo. (Incluído pela Lei nº 12.740, de 2012)
§ 4º São também consideradas perigosas as atividades de trabalhador em motocicleta. (Incluído pela Lei nº 12.997, de 2014)
§ 5º O disposto no inciso I do *caput* deste artigo não se aplica às quantidades de inflamáveis contidas nos tanques de combustíveis originais de fábrica e suplementares, para consumo próprio de veículos de carga e de transporte coletivo de passageiros, de máquinas e de equipamentos, certificados pelo órgão competente, e nos equipamentos de refrigeração de carga. (Incluído pela Lei nº 14.766, de 2023)

O percentual do adicional de periculosidade é fixado em 30% sobre o salário-base do empregado. Este valor é aplicável sempre que o trabalhador esteja exposto de forma permanente a condições de risco, de acordo com as atividades descritas na CLT e na NR-16. A periculosidade, ao contrário da insalubridade, não é paga em graus (máximo, médio ou mínimo), sendo um valor fixo de 30%, independentemente da intensidade do risco, desde que este seja constatado nas condições de trabalho.

O adicional tem natureza salarial, o que significa que ele integra a remuneração do trabalhador para todos os efeitos legais, como no cálculo de férias, no 13º salário, no FGTS, no aviso-prévio e nas horas extras. Sua inclusão no salário reflete a intenção do legislador de garantir a compensação adequada para aqueles que enfrentam riscos no ambiente de trabalho, considerando a gravidade das consequências que tais situações podem gerar.

Embora tenha natureza salarial, o adicional de periculosidade possui um caráter compensatório e protetivo, e não meramente indenizatório. Isso significa que o pagamento é realizado devido à exposição constante e habitual do trabalhador a riscos, com o objetivo de compensá-lo pelas condições adversas do seu trabalho. A remuneração adicional visa também incentivar a adoção de medidas preventivas, como a eliminação ou redução dos riscos, e a utilização de EPIs.

A periculosidade aplica-se em situações em que o trabalhador esteja exposto a agentes perigosos ou condições de risco iminente, conforme detalhado no artigo 193 da CLT e na NR-16. Trabalhadores que lidam com produtos inflamáveis, como gasolina, gás, ou substâncias que possam gerar explosões em atividades industriais ou comerciais, têm direito ao adicional de periculosidade. Isso inclui trabalhadores em refinarias, postos de gasolina e atividades em áreas com risco de explosões.

O adicional também é devido aos trabalhadores que atuam em instalações elétricas, como eletricistas, técnicos em manutenção elétrica, e outros que trabalham com sistemas de alta tensão ou que estão expostos a riscos elétricos.

A exposição permanente a esse tipo de risco justifica o pagamento do adicional. Da mesma forma, trabalhadores de segurança, como vigilantes, seguranças patrimoniais ou vigilantes de transporte de valores, estão expostos a riscos de violência física constante, o que gera o direito ao adicional. Esse grupo inclui profissionais em áreas de risco como bancos, empresas de transporte de valores e segurança pública.

O adicional de periculosidade também se aplica a trabalhadores expostos a radiações ionizantes e substâncias radioativas, como os que atuam em usinas nucleares ou em áreas hospitalares com tratamentos de radiação. Além disso, com a Lei nº 12.997/14, o adicional passou a ser devido aos trabalhadores que utilizam motocicletas para realizar suas funções, como entregadores, *motoboys* e outros que realizam atividades com motocicletas em vias públicas.

A lista de situações em que o adicional de periculosidade é devido não é exaustiva, sendo constantemente atualizada para incluir outras atividades que envolvam risco acentuado e constante.

LEI Nº 12.997, DE 18 DE JUNHO DE 2014
Acrescenta o § 4º ao art. 193 da Consolidação das Leis do Trabalho – CLT, aprovada pelo Decreto-Lei nº 5.452, de 1º de maio de 1943, para considerar perigosas as atividades de trabalhador em motocicleta.
A PRESIDENTA DA REPÚBLICA Faço saber que o Congresso Nacional decreta e eu sanciono a seguinte Lei:
Art. 1º O art. 193 da Consolidação das Leis do Trabalho – CLT, aprovada pelo Decreto-Lei nº 5.452, de 1º de maio de 1943, passa a vigorar acrescido do seguinte § 4º:

O adicional de periculosidade está disposto no art. 193 da CLT, que estabelece a necessidade de exposição a condições de risco acentuado para que o trabalhador tenha direito à compensação. O artigo define as atividades perigosas, que devem ser regulamentadas por normas técnicas do Ministério do Trabalho, e o percentual de 30% sobre o salário.

Além disso, a NR-16 especifica as atividades consideradas perigosas, detalhando os agentes e as condições de risco para os quais o adicional de periculosidade é aplicável. Essa norma técnica é essencial para a caracterização e a fiscalização das condições de trabalho que justificam o pagamento do adicional.

O empregador tem a responsabilidade de fornecer condições de trabalho seguras e, se necessário, fornecer EPIs adequados para neutralizar ou reduzir os riscos. Caso o empregador não consiga minimizar os riscos, ele é obrigado a pagar o adicional de periculosidade.

A perícia técnica, quando solicitada, é fundamental para determinar se o ambiente de trabalho está em conformidade com as condições previstas para o pagamento do adicional. O trabalhador, por sua vez, tem o direito de receber o adicional enquanto estiver exposto aos agentes perigosos, e o pagamento deve ser feito de forma contínua durante a permanência nessas condições. Caso o trabalhador seja transferido para outra função sem risco de periculosidade, ele perderá o direito ao adicional.

O adicional de periculosidade é uma importante ferramenta para garantir a proteção financeira e a segurança dos trabalhadores expostos a riscos iminentes no ambiente de trabalho. Ele tem uma forte função compensatória, considerando os perigos que esses profissionais enfrentam, e sua natureza salarial assegura que o trabalhador seja adequadamente remunerado pelas condições adversas em que trabalha. Sua aplicação é ampla e abrange uma série de atividades e setores, desde eletricistas e vigilantes até trabalhadores expostos a radiações e motociclistas, sendo uma forma de assegurar que as condições de risco sejam reconhecidas e compensadas.

6.3.3 Noturno

O adicional noturno é uma compensação financeira devida ao trabalhador que realiza suas atividades durante o período noturno, reconhecendo as dificuldades e o impacto que o trabalho nesse horário pode trazer à saúde e ao bem-estar do empregado. Ele está previsto na CLT, no art. 73, e tem como principal objetivo compensar o trabalhador pelo esforço adicional requerido para trabalhar durante a noite, quando o corpo humano naturalmente está em repouso.

O adicional noturno é fixado em 20% sobre o valor da hora diurna para trabalhadores urbanos, conforme o art. 73 da CLT. Para os trabalhadores rurais, o percentual é de 25%, e o horário noturno é considerado entre 21h e 5h para a lavoura, e entre 20h e 4h para atividades de pecuária. A jornada noturna, em termos de duração, também sofre uma alteração, já que a hora de trabalho noturno é reduzida para 52 minutos e 30 segundos, ao invés de 60 minutos, como no caso da jornada diurna. Essa redução é aplicada para compensar os efeitos que o trabalho durante a noite pode ter no organismo do trabalhador.

VEJA O ESQUEMA ABAIXO:

Categoria	Porcentagem do Adicional Noturno	Horário Noturno	Duração da Hora Noturna
Trabalhadores Urbanos	20% sobre o valor da hora diurna	22h às 5h	52 minutos e 30 segundos (redução de 7 minutos e 30 segundos)
Trabalhadores Rurais (Lavoura)	25% sobre o valor da hora diurna	21h às 5h	52 minutos e 30 segundos

Categoria	Porcentagem do Adicional Noturno	Horário Noturno	Duração da Hora Noturna
Trabalhadores Rurais (Pecuária)	25% sobre o valor da hora diurna	20h às 4h	52 minutos e 30 segundos

Fonte: Elaborado pelos autores, 2024.

O adicional noturno tem natureza salarial, ou seja, ele integra a remuneração do trabalhador e repercute no cálculo de outras verbas trabalhistas, como férias, 13º salário, FGTS, aviso-prévio e horas extras.

Isso significa que o valor do adicional não é uma compensação isolada, mas, sim, parte da remuneração habitual do empregado, e deve ser levado em conta para o cálculo de outros direitos trabalhistas. Essa natureza salarial do adicional reflete o entendimento de que o trabalho noturno exige uma compensação adicional, não apenas pelo esforço físico, mas também pelas condições adversas de saúde que ele pode acarretar.

Além do percentual fixado pela CLT, o adicional noturno não pode ser alterado por negociação coletiva, conforme disposto no art. 611-B, inciso VI, da CLT. Ou seja, acordos e convenções coletivas não podem reduzir o valor do adicional, que deve ser, no mínimo, o percentual de 20% para trabalhadores urbanos e 25% para trabalhadores rurais. Essa regra assegura que os trabalhadores noturnos sejam devidamente compensados pelas condições mais difíceis de trabalho.

> **Art. 611-B.** Constituem objeto ilícito de convenção coletiva ou de acordo coletivo de trabalho, exclusivamente, a supressão ou a redução dos seguintes direitos: (Incluído pela Lei nº 13.467, de 2017)
> **VI** – remuneração do trabalho noturno superior à do diurno; (Incluído pela Lei nº 13.467, de 2017)

O adicional noturno é devido aos trabalhadores urbanos que atuam entre 22h e 5h do dia seguinte. No entanto, há algumas particularidades. Quando o trabalhador não cumpre toda a jornada noturna, mas realiza parte dela, ele ainda terá direito ao adicional sobre as horas efetivamente trabalhadas no período noturno. A jornada mista, ou seja, aquela que abrange tanto o período diurno quanto o noturno, também tem regras específicas. Quando o trabalhador exerce sua função no horário misto, o adicional será pago apenas para as horas trabalhadas no período noturno.

A jornada de 12x36, muito comum em determinados setores, como hospitais e vigilância, também tem regras especiais quanto ao adicional noturno. Se toda a jornada for cumprida no período noturno, o trabalhador tem direito ao adicional noturno sobre a totalidade da jornada. A transferência para o turno diurno de trabalho, por sua vez, implica a perda do direito ao adicional noturno, conforme o entendimento do TST:

> **Súmula nº 265 do TST**
> ADICIONAL NOTURNO. ALTERAÇÃO DE TURNO DE TRABALHO. POSSIBILIDADE DE SUPRESSÃO (mantida) – Res. 121/2003, DJ 19, 20 e 21.11.2003
> A transferência para o período diurno de trabalho implica a perda do direito ao adicional noturno.

Uma característica importante do adicional noturno é que ele integra o cálculo de horas extras. Se o trabalhador realiza horas extras durante a noite, ele tem direito ao adicional noturno sobre essas horas, além do adicional pelas horas extras em si, conforme o art. 73, § 5º, da CLT.

> **Art. 73.** Salvo nos casos de revezamento semanal ou quinzenal, o trabalho noturno terá remuneração superior à do diurno e, para esse efeito, sua remuneração terá um acréscimo de 20 % (vinte por cento), pelo menos, sobre a hora diurna. (Redação dada pelo Decreto-lei nº 9.666, de 1946)
> § 5º Às prorrogações do trabalho noturno aplica-se o disposto neste capítulo. (Incluído pelo Decreto-lei nº 9.666, de 1946)

Assim, o adicional noturno também se reflete nas horas extras, o que garante uma remuneração ainda mais justa para quem trabalha em condições adversas no período noturno.

O adicional noturno também é aplicável aos trabalhadores domésticos a partir da Emenda Constitucional nº 72/2013, que estendeu aos empregados domésticos os mesmos direitos dos trabalhadores urbanos e rurais, incluindo o pagamento de adicional noturno. A regulamentação infraconstitucional, com a publicação da Lei Complementar nº 150/2015, definiu que a jornada noturna para o trabalhador doméstico é compreendida entre 22h e 5h do dia seguinte, com o adicional de 20% sobre o valor da hora diurna.

> **EMENDA CONSTITUCIONAL Nº 72, DE 2 DE ABRIL DE 2013**
> Altera a redação do parágrafo único do art. 7º da Constituição Federal para estabelecer a igualdade de direitos trabalhistas entre os trabalhadores domésticos e os demais trabalhadores urbanos e rurais.
> As Mesas da Câmara dos Deputados e do Senado Federal, nos termos do § 3º do art. 60 da Constituição Federal, promulgam a seguinte Emenda ao texto constitucional:
> Artigo único. O parágrafo único do art. 7º da Constituição Federal passa a vigorar com a seguinte redação:
>
> **LEI COMPLEMENTAR Nº 150, DE 1º DE JUNHO DE 2015**
> Dispõe sobre o contrato de trabalho doméstico; altera as Leis nº 8.212, de 24 de julho de 1991, nº 8.213, de 24 de julho de 1991, e nº 11.196, de 21 de novembro de 2005; revoga o inciso I do art. 3º da Lei nº 8.009, de 29 de março de 1990, o art. 36 da Lei nº 8.213, de 24 de julho de 1991, a Lei nº 5.859, de 11 de dezembro de 1972, e o inciso VII do art. 12 da Lei nº 9.250, de 26 de dezembro 1995; e dá outras providências.
> **A PRESIDENTA DA REPÚBLICA** Faço saber que o Congresso Nacional decreta e eu sanciono a seguinte Lei Complementar:
> **CAPÍTULO I**
> **DO CONTRATO DE TRABALHO DOMÉSTICO**

Em relação a trabalhadores em atividades específicas, como vigias noturnos, trabalhadores portuários e profissionais de transporte, também se aplicam regras específicas, como o aumento do adicional noturno para 25% em alguns casos, dependendo da categoria profissional e do tipo de atividade desenvolvida.

Em suma, o adicional noturno é uma compensação importante que visa remunerar de forma justa os trabalhadores que atuam em horários considerados desfavoráveis ao corpo humano. Com sua natureza salarial, ele integra a remuneração e tem impacto sobre outros direitos trabalhistas, sendo uma forma de garantir que os trabalhadores noturnos recebam uma compensação adequada pelo esforço físico e pelos riscos à saúde que o trabalho nesse período pode envolver.

VEJA O ESQUEMA ABAIXO PARA ENTENDER MELHOR:

Adicional	Porcentagem	Descrição
Adicional de Insalubridade	10%, 20%, 40%	Compensação para trabalhadores expostos a agentes insalubres, como agentes físicos, químicos ou biológicos, que afetam a saúde do trabalhador.
Adicional de Periculosidade	30%	Compensação para trabalhadores expostos a condições de risco acentuado, como inflamáveis, explosivos, energia elétrica, ou violência física.
Adicional Noturno	20% (urbano), 25% (rural)	Compensação para trabalhadores que exercem suas atividades durante o período noturno (22h às 5h, para trabalhadores urbanos, e horários diferenciados para trabalhadores rurais).

Fonte: Elaborado pelos autores, 2024.

Cada adicional – seja de insalubridade, periculosidade ou noturno – possui suas particularidades e características que devem ser cuidadosamente analisadas para garantir que o trabalhador tenha direito a essas compensações. Essas distinções envolvem a avaliação das condições de trabalho, os riscos envolvidos e a jornada de trabalho do empregado, levando em consideração as especificidades de cada função.

A existência desses adicionais reflete uma evolução na legislação trabalhista, com o intuito de humanizar as condições de trabalho, reconhecendo e compensando as adversidades enfrentadas pelos trabalhadores em diferentes contextos. Ao garantir esses direitos, busca-se promover a justiça social, oferecendo uma remuneração justa e assegurando que os trabalhadores tenham suas necessidades de proteção à saúde, à segurança e ao bem-estar devidamente atendidas.

7 FÉRIAS E DESCANSO SEMANAL REMUNERADO

7.1 Direito às Férias: Regras e Períodos

As FÉRIAS SÃO UM direito assegurado ao trabalhador, consistindo na interrupção da prestação de serviços por determinado período, durante o qual o empregado continua recebendo sua remuneração habitual acrescida de, pelo menos, um terço do salário normal.

Esse direito, previsto no art. 7º, inciso XVII, da CF, visa garantir a recuperação física e mental do trabalhador, além de fomentar o convívio social e familiar. No plano infraconstitucional, as férias são regulamentadas nos arts. 129 a 153 da CLT, bem como na Convenção nº 132 da OIT, ratificada pelo Brasil pelo Decreto nº 3.197/1999.

> **Art. 7º** São direitos dos trabalhadores urbanos e rurais, além de outros que visem à melhoria de sua condição social:
> **XVII** – gozo de férias anuais remuneradas com, pelo menos, um terço a mais do que o salário normal;

Para que o trabalhador adquira o direito às férias, é necessário cumprir o chamado período **aquisitivo**, correspondente a 12 meses de trabalho para o mesmo empregador. Após a conclusão desse período, inicia-se o período **concessivo**, de 12 meses subsequentes, dentro do qual o empregador deverá conceder as férias.

VEJA NO ESQUEMA ABAIXO:

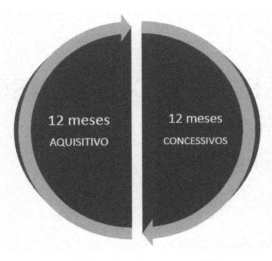

Fonte: Elaborado pelos autores, 2024.

A duração das férias é, em regra, de 30 dias corridos, mas pode ser reduzida proporcionalmente ao número de faltas injustificadas do empregado durante o período aquisitivo.

Assim, o trabalhador terá direito a 30 dias de férias se não ultrapassar 5 faltas injustificadas; a 24 dias, se tiver entre 6 e 14 faltas; a 18 dias, se faltar de 15 a 23 vezes; e a 12 dias, no caso de 24 a 32 faltas. Se ultrapassar 32 faltas, perderá o direito às férias no período correspondente, assim temos:

Faltas Injustificadas no Período Aquisitivo	Direito às Férias
Até 5 faltas	30 dias corridos de férias
De 6 a 14 faltas	24 dias corridos de férias
De 15 a 23 faltas	18 dias corridos de férias
De 24 a 32 faltas	12 dias corridos de férias

Faltas Injustificadas no Período Aquisitivo	Direito às Férias
Mais de 32 faltas	Perda do direito às férias

(Vide o art. 130 da CLT.)

Fonte: Elaborado pelos autores, 2024.

As férias podem ser usufruídas de forma integral ou fracionada em até três períodos, desde que um deles seja de, no mínimo, 14 dias corridos, e os demais, de pelo menos 5 dias corridos, cada, mediante a concordância expressa do empregado. O pagamento das férias deve ser realizado pelo empregador até dois dias antes do início do período de descanso, incluindo o adicional de um terço da remuneração previsto constitucionalmente.

Como exemplo, pode-se imaginar um trabalhador admitido em 1º de janeiro de 2023. Ao completar o período aquisitivo em 31 de dezembro de 2023, o empregador terá até 31 de dezembro de 2024 para conceder as férias. Caso isso não ocorra no período concessivo, o empregador estará obrigado a pagar as férias em dobro, conforme estabelece o art. 137 da CLT.

Art. 137. Sempre que as férias forem concedidas após o prazo de que trata o art. 134, o empregador pagará em dobro a respectiva remuneração. (Redação dada pelo Decreto-lei nº 1.535, de 13.4.1977)

Além disso, o trabalhador pode optar por converter até um terço do período de férias em abono pecuniário, conhecido popularmente como "venda de férias", desde que manifeste essa intenção por escrito até 15 dias antes do término do período aquisitivo.

Art. 143. É facultado ao empregado converter 1/3 (um terço) do período de férias a que tiver direito em abono pecuniário, no valor da remuneração que lhe seria devida nos dias correspondentes.

Por fim, é importante destacar que as faltas justificadas, previstas no art. 473 da CLT, não impactam o cálculo ou a concessão das férias. Assim, o direito às férias consolida-se como uma garantia fundamental para a saúde e o bem-estar do trabalhador.

Art. 473. O empregado poderá deixar de comparecer ao serviço sem prejuízo do salário: (Redação dada pelo Decreto-lei nº 229, de 28.2.1967)

I – até 2 (dois) dias consecutivos, em caso de falecimento do cônjuge, ascendente, descendente, irmão ou pessoa que, declarada em sua carteira de trabalho e previdência social, viva sob sua dependência econômica; (Inciso incluído pelo Decreto-lei nº 229, de 28.2.1967)

II – até 3 (três) dias consecutivos, em virtude de casamento; (Inciso incluído pelo Decreto-lei nº 229, de 28.2.1967)

III – por 5 (cinco) dias consecutivos, em caso de nascimento de filho, de adoção ou de guarda compartilhada; (Redação dada pela Lei nº 14.457, de 2022)

IV – por um dia, em cada 12 (doze) meses de trabalho, em caso de doação voluntária de sangue devidamente comprovada; (Inciso incluído pelo Decreto-lei nº 229, de 28.2.1967)

V – até 2 (dois) dias consecutivos ou não, para o fim de se alistar eleitor, nos termos da lei respectiva; (Inciso incluído pelo Decreto-lei nº 229, de 28.2.1967)

VI – no período em que tiver de cumprir as exigências do Serviço Militar referidas na letra *c* do art. 65 da Lei nº 4.375, de 17 de agosto de 1964 (Lei do Serviço Militar); (Incluído pelo Decreto-lei nº 757, de 12.8.1969)

VII – nos dias em que estiver comprovadamente realizando provas de exame vestibular para ingresso em estabelecimento de ensino superior; (Inciso incluído pela Lei nº 9.471, de 14.7.1997)

VIII – pelo tempo que se fizer necessário, quando tiver que comparecer a juízo; (Incluído pela Lei nº 9.853, de 27.10.1999)

IX – pelo tempo que se fizer necessário, quando, na qualidade de representante de entidade sindical, estiver participando de reunião oficial de organismo internacional do qual o Brasil seja membro; (Incluído pela Lei nº 11.304, de 2006)

X – pelo tempo necessário para acompanhar sua esposa ou companheira em até 6 (seis) consultas médicas, ou em exames complementares, durante o período de gravidez; (Redação dada pela Lei nº 14.457, de 2022)

XI – por 1 (um) dia por ano para acompanhar filho de até 6 (seis) anos em consulta médica. (Incluído dada pela Lei nº 13.257, de 2016)

> XII – até 3 (três) dias, em cada 12 (doze) meses de trabalho, em caso de realização de exames preventivos de câncer devidamente comprovada. (Incluído pela Lei nº 13.767, de 2018.
> **Parágrafo único.** O prazo a que se refere o inciso III do *caput* deste artigo será contado a partir da data de nascimento do filho. (Incluído pela Lei nº 14.457, de 2022)

7.2 Descanso Semanal Remunerado

O descanso semanal remunerado (DSR) é um direito essencial garantido ao trabalhador pela Constituição Federal, em seu art. 7º, XV, e regulamentado pela CLT, no art. 67. Ele assegura um dia de repouso por semana, preferencialmente aos domingos, sem qualquer prejuízo à remuneração do empregado.

> **Art. 7º** São direitos dos trabalhadores urbanos e rurais, além de outros que visem à melhoria de sua condição social:
> **XV** – repouso semanal remunerado, preferencialmente aos domingos;

> **Art. 67.** Será assegurado a todo empregado um descanso semanal de 24 (vinte e quatro) horas consecutivas, o qual, salvo motivo de conveniência pública ou necessidade imperiosa do serviço, deverá coincidir com o domingo, no todo ou em parte.

Esse instituto tem como objetivo proteger a saúde física e mental do trabalhador, promovendo a recuperação de suas energias e a integração social e familiar. Trata-se, portanto, de um direito fundamental que reforça a dignidade no ambiente de trabalho.

Para fazer jus ao pagamento do descanso semanal remunerado, é indispensável que o trabalhador tenha cumprido integralmente a jornada semanal de trabalho prevista em contrato.

Faltas injustificadas, atrasos frequentes ou descumprimento das obrigações laborais podem acarretar o desconto do DSR. Já faltas justificadas, como as previstas no art. 473 da CLT (vide o capítulo anterior), não impactam o direito ao descanso semanal remunerado, preservando o valor integral.

O cálculo do DSR leva em conta a remuneração habitual do trabalhador. Assim, além do salário-base, devem ser incluídos no cálculo quaisquer adicionais percebidos regularmente, como o adicional de insalubridade, de periculosidade, noturno, e até as horas extras habituais. No caso de trabalhadores horistas ou diaristas, o DSR é proporcional ao número de dias efetivamente trabalhados na semana. Já para os comissionistas, o cálculo é realizado com base na média das comissões apuradas no período correspondente.

Importante mencionar que o descanso preferencial aos domingos não é uma regra absoluta. Em algumas atividades essenciais ou que demandam funcionamento ininterrupto, o repouso semanal pode ser concedido em outro dia da semana. Por exemplo os empregados de shopping centers que trabalham de domingo a domingo e possuem o descanso semanal remunerado em outro dia da semana.

Contudo, nesses casos, o empregador deve observar a legislação específica e negociar, quando aplicável, com os sindicatos. A Lei nº 605/49, que também regulamenta o DSR, prevê exceções e reforça a obrigatoriedade de compensação do descanso semanal.

> **LEI Nº 605, DE 5 DE JANEIRO DE 1949**
> Repouso semanal remunerado e o pagamento de salário nos dias feriados civis e religiosos.
> **O PRESIDENTE DA REPÚBLICA,** Faço saber que o Congresso Nacional decreta e eu sanciono a seguinte lei:
> **Descanso semanal**
> Art. 1º Todo empregado tem direito ao repouso semanal remunerado de vinte e quatro horas consecutivas, preferentemente aos domingos e, nos limites das exigências técnicas das empresas, nos feriados civis e religiosos, de acordo com a tradição local.

O quadro abaixo resume as regras aplicadas ao DSR em relação à frequência do trabalhador e as consequências para o direito ao benefício:

Situação	Impacto no Direito ao DSR
Jornada semanal integralmente cumprida	Direito ao pagamento do DSR integral

Situação	Impacto no Direito ao DSR
Faltas justificadas (art. 473 da CLT)	Não impactam o direito ao DSR
Faltas injustificadas	Podem resultar no desconto proporcional do DSR

Fonte: Elaborado pelos autores, 2024.

Além disso, é fundamental destacar a vedação de trabalho contínuo por mais de seis dias consecutivos, conforme dispõe o art. 67 da CLT. Nesse sentido, o descanso semanal deve ser concedido de forma ininterrupta e programada, de modo a respeitar a saúde e a dignidade do trabalhador.

Em situações de descumprimento da norma pelo empregador, o trabalhador pode requerer a reparação do dano, incluindo o pagamento do DSR devido e, em algumas hipóteses, adicionais decorrentes de trabalho em dia destinado ao descanso. Ademais, caso o empregador descumpra reiteradamente essa obrigação, poderá ser multado pelas autoridades competentes, além de sofrer outras penalidades previstas na legislação trabalhista.

Por fim, o descanso semanal remunerado é um direito irrenunciável. Sua concessão não depende da vontade do trabalhador ou do empregador, mas sim de sua obrigatoriedade legal. Isso reforça o caráter protetivo do instituto, que transcende o vínculo contratual para garantir o bem-estar do trabalhador e promover a justiça nas relações de trabalho.

8 SEGURANÇA E SAÚDE NO TRABALHO

8.1 Normas Regulamentadoras

Conforme conceito da doutrina de Sérgio Pinto Martins (2017, p. 956):

> A segurança e a medicina do trabalho são o segmento do Direito do Trabalho incumbido de oferecer condições de proteção à saúde do trabalhador no local de trabalho, e de sua recuperação quando não estiver em condições de prestar serviços ao empregador.

Por isso, a lei e as normas regulamentadoras devem sempre presar pelo princípio da prevenção de doenças no ambiente laboral.

As NRs são diretrizes instituídas pelo MTE, atualmente vinculado ao Ministério do Trabalho e Previdência, com o objetivo de garantir condições adequadas de saúde e segurança no ambiente laboral. Elas estão previstas na legislação brasileira, particularmente no Título II, Capítulo V da CLT, entre os arts. 154 e 200, sendo detalhadas na Portaria nº 3.214/78. Além disso, encontram fundamento no art. 7º da CF, que assegura aos trabalhadores direitos relacionados à redução dos riscos no ambiente de trabalho.

> **Art. 154.** A observância, em todos os locais de trabalho, do disposto neste Capítulo, não desobriga as empresas do cumprimento de outras disposições que, com relação à matéria, sejam incluídas em códigos de obras ou regulamentos sanitários dos Estados ou Municípios em que se situem os respectivos estabelecimentos, bem como daquelas oriundas de convenções coletivas de trabalho.

[...]
Art. 200. Cabe ao Ministério do Trabalho estabelecer disposições complementares às normas de que trata este Capítulo, tendo em vista as peculiaridades de cada atividade ou setor de trabalho, especialmente sobre:

I – medidas de prevenção de acidentes e os equipamentos de proteção individual em obras de construção, demolição ou reparos;

II – depósitos, armazenagem e manuseio de combustíveis, inflamáveis e explosivos, bem como trânsito e permanência nas áreas respectivas;

III – trabalho em escavações, túneis, galerias, minas e pedreiras, sobretudo quanto à prevenção de explosões, incêndios, desmoronamentos e soterramentos, eliminação de poeiras, gases, etc. e facilidades de rápida saída dos empregados;

IV – proteção contra incêndio em geral e as medidas preventivas adequadas, com exigências ao especial revestimento de portas e paredes, construção de paredes contra-fogo, diques e outros anteparos, assim como garantia geral de fácil circulação, corredores de acesso e saídas amplas e protegidas, com suficiente sinalização;

V – proteção contra insolação, calor, frio, umidade e ventos, sobretudo no trabalho a céu aberto, com provisão, quanto a este, de água potável, alojamento profilaxia de endemias;

VI – proteção do trabalhador exposto a substâncias químicas nocivas, radiações ionizantes e não ionizantes, ruídos, vibrações e trepidações ou pressões anormais ao ambiente de trabalho, com especificação das medidas cabíveis para eliminação ou atenuação desses efeitos limites máximos quanto ao tempo de exposição, à intensidade da ação ou de seus efeitos sobre o organismo do trabalhador, exames médicos obrigatórios, limites de idade controle permanente dos locais de trabalho e das demais exigências que se façam necessárias;

VII – higiene nos locais de trabalho, com discriminação das exigências, instalações sanitárias, com separação de sexos, chuveiros, lavatórios, vestiários e armários individuais, refeitórios ou condições de conforto por ocasião das refeições, fornecimento de água potável, condições de limpeza dos locais de trabalho e modo de sua execução, tratamento de resíduos industriais;

VIII – emprego das cores nos locais de trabalho, inclusive nas sinalizações de perigo;

> IX – trabalho realizado em arquivos, em bibliotecas, em museus e em centros de documentação e memória, exposto a agentes patogênicos.
> **Parágrafo único.** Tratando-se de radiações ionizantes e explosivos, as normas a que se referem este artigo serão expedidas de acordo com as resoluções a respeito adotadas pelo órgão técnico.

> **MINISTÉRIO DO TRABALHO GABINETE DO MINISTRO PORTARIA Nº 3.214, 08 DE JUNHO DE 1978 (DOU de 06/07/78 – Suplemento)**
> Aprova as Normas Regulamentadoras – NR – do Capítulo V, Título II, da Consolidação das Leis do Trabalho, relativas à Segurança e Medicina do Trabalho.
> O Ministro de Estado do Trabalho, no uso de suas atribuições legais, considerando o disposto no art. 200, da Consolidação das Leis do Trabalho, com redação dada pela Lei nº 6.514, de 22 de dezembro de 1977, resolve:
> **Art. 1º** Aprovar as Normas Regulamentadoras – NR – do Capítulo V, Título II, da Consolidação das Leis do Trabalho, relativas à Segurança e Medicina do Trabalho:
> NORMAS REGULAMENTADORAS

Essas normas desempenham papel essencial no Direito Tutelar do Trabalho, pois visam proteger a integridade física e mental dos trabalhadores, promovendo condições que humanizem as atividades laborais. Como normas de ordem pública, elas são de observância obrigatória e não podem ser negociadas em convenções coletivas, salvo em situações específicas permitidas pela legislação, como no caso de ambientes insalubres, desde que acompanhadas de perícia técnica.

A aplicação prática das NRs enfrenta desafios significativos, como a deficiência na fiscalização, a falta de conscientização sobre sua importância e a cultura de negligência em relação à saúde e segurança no trabalho. Essas dificuldades refletem diretamente na judicialização de acidentes laborais, frequentemente ocasionados pelo descumprimento das normas.

A Reforma Trabalhista de 2017 trouxe mudanças importantes, ao permitir, por exemplo, a negociação coletiva sobre graus de insalubridade. Contudo, manteve a proteção das normas de saúde, higiene e segurança como inegociável, reforçando o caráter essencial das NRs para garantir a dignidade no ambiente de trabalho e prevenir prejuízos sociais e econômicos. Assim, as NRs consolidam-se como um instrumento vital para assegurar o equilíbrio entre a preservação da vida e a atividade produtiva.

8.2 Obrigações do Empregador Quanto à Segurança

O empregador desempenha um papel central na relação de trabalho, sendo sua responsabilidade direta garantir a segurança, a saúde e a dignidade dos empregados no ambiente laboral. Essa obrigação não se restringe ao cumprimento de normas, mas envolve a adoção de medidas concretas para proteger a integridade física e mental dos trabalhadores, como parte essencial do contrato de trabalho e do dever geral de cuidado.

A CLT estabelece claramente as responsabilidades do empregador nesse contexto. O art. 166 determina que a empresa forneça, gratuitamente, EPIs adequados ao risco, em perfeito estado de conservação e funcionamento, sempre que as medidas gerais não forem suficientes para prevenir acidentes ou danos à saúde.

> **Art. 166.** A empresa é obrigada a fornecer aos empregados, gratuitamente, equipamento de proteção individual adequado ao risco e em perfeito estado de conservação e funcionamento, sempre que as medidas de ordem geral não ofereçam completa proteção contra os riscos de acidentes e danos à saúde dos empregados. (Redação dada pela Lei nº 6.514, de 22.12.1977)

Contudo, conforme a Súmula nº 289 do TST, o simples fornecimento de EPIs não exime o empregador de sua responsabilidade.

> **Súmula nº 289 do TST**
> **Enunciado**
> **289 INSALUBRIDADE. ADICIONAL. FORNECIMENTO DO APARELHO DE PROTEÇÃO. EFEITO.** O simples fornecimento do aparelho de proteção pelo empregador não o exime do pagamento do adicional de insalubridade. Cabe-lhe tomar as medidas que conduzam à diminuição ou eliminação da nocividade, entre as quais as relativas

> ao uso efetivo do equipamento pelo empregado. (mantida) – Res.
> nº 121/2003, **DJ** 19, 20 e 21.11.2003

É indispensável que sejam tomadas medidas adicionais para reduzir ou eliminar os riscos, incluindo a fiscalização efetiva do uso correto dos equipamentos pelos empregados, como previsto no art. 157 da CLT.

> **Art. 157. Cabe às empresas: (Redação dada pela Lei nº 6.514, de 22.12.1977**
> I – cumprir e fazer cumprir as normas de segurança e medicina do trabalho; (Incluído pela Lei nº 6.514, de 22.12.1977)
> II – instruir os empregados, através de ordens de serviço, quanto às precauções a tomar no sentido de evitar acidentes do trabalho ou doenças ocupacionais; (Incluído pela Lei nº 6.514, de 22.12.1977)
> III – adotar as medidas que lhes sejam determinadas pelo órgão regional competente; (Incluído pela Lei nº 6.514, de 22.12.1977)
> IV – facilitar o exercício da fiscalização pela autoridade competente. (Incluído pela Lei nº 6.514, de 22.12.1977)

O descumprimento dessas obrigações pode gerar graves consequências. Exemplo disso foi o entendimento do TRT da 17ª Região em um caso envolvendo dano moral e estético, no qual ficou comprovado que a empresa negligenciou sua obrigação de adotar medidas para neutralizar riscos, resultando na amputação de dedos de um trabalhador:

> DANO MORAL E ESTÉTICO – MEIO AMBIENTE DO TRABALHO – NEGLIGÊNCIA. Comprovado que a reclamada negligenciou quanto à adoção de medidas aptas à neutralização de riscos, delegando ao obreiro a responsabilidade pelo funcionamento do equipamento de trabalho quando apresentasse defeito no funcionamento, conclui-se que descuidou de sua obrigação básica de proteger a integridade física de seu empregado, garantindo-lhe um meio ambiente do trabalho livre de qualquer risco, restando inegável o direito à reparação pelo dano moral resultante da redução da capacidade laborativa e estético em razão de ter o autor a parte superior dos dedos anular e médio da mão direita esmagados e amputados. Tal solução decorre não só da culpa do empregador, a qual restou comprovada, mas de sua responsabilidade objetiva prevista no art. 927, parágrafo único, do Código Civil. Há que se mencionar, por oportuno, que o inciso XXVIII do

art. 7º da Constituição da República, não constitui óbice à aplicação da disposição (TRT 17ª R., RO 0004000-60.2008.5.17.0003, 2ª Turma, Rel. Desembargador Carlos Henrique Bezerra Leite, Rev. Desembargador Cláudio Armando Couce de Menezes, **DEJT** 22/07/2009).

A decisão destacou que a proteção ao trabalhador vai além da reparação de danos, refletindo o dever fundamental do empregador de garantir um ambiente de trabalho seguro, nos termos dos arts. 927, parágrafo único, do Código Civil, e 7º, inciso XXVIII, da CF.

> **Art. 927.** Aquele que, por ato ilícito (arts. 186 e 187), causar dano a outrem, fica obrigado a repará-lo. (Vide ADI nº 7055) (Vide ADI nº 6792)
> **Parágrafo único.** Haverá obrigação de reparar o dano, independentemente de culpa, nos casos especificados em lei, ou quando a atividade normalmente desenvolvida pelo autor do dano implicar, por sua natureza, risco para os direitos de outrem.

> **Art. 7º** São direitos dos trabalhadores urbanos e rurais, além de outros que visem à melhoria de sua condição social:
> **XXVIII** – seguro contra acidentes de trabalho, a cargo do empregador, sem excluir a indenização a que este está obrigado, quando incorrer em dolo ou culpa;

Essa responsabilidade também abrange ações preventivas e educativas, como o treinamento dos trabalhadores, a manutenção adequada de equipamentos e a supervisão contínua das condições do ambiente laboral. Além disso, o empregador deve promover um ambiente ético e respeitoso, protegendo a saúde mental e moral dos empregados, evitando práticas como assédio e condições degradantes de trabalho.

Em suma, o empregador deve atuar de forma proativa e diligente para preservar a vida e a saúde dos trabalhadores. Sua responsabilidade não se limita ao cumprimento formal de obrigações legais, mas inclui a criação de um ambiente que respeite e valorize a dignidade humana. A negligência ou omissão nesse dever caracteriza uma falha grave no contrato de trabalho e pode levar à responsabilização nas esferas trabalhista, civil e até penal.

8.3 Acidente de Trabalho e Doença Ocupacional

O acidente de trabalho e a doença ocupacional estão intrinsecamente ligados à proteção dos direitos do trabalhador e às obrigações do empregador. Ambas as situações envolvem eventos ou condições que resultam em prejuízo à saúde física ou mental do empregado no contexto da relação laboral.

O acidente de trabalho está definido no art. 19 da Lei nº 8.213/91 como aquele que ocorre pelo exercício do trabalho, a serviço da empresa, e que provoca lesão corporal, perturbação funcional ou morte. Essa definição abrange os chamados acidentes típicos, que são os eventos súbitos e inesperados no exercício da atividade, mas também inclui situações equiparadas, como acidentes no trajeto (art. 21 da mesma lei) e doenças ocupacionais, que podem ser tanto doenças profissionais quanto doenças do trabalho (art. 20).

> **Art. 19.** Acidente do trabalho é o que ocorre pelo exercício do trabalho a serviço de empresa ou de empregador doméstico ou pelo exercício do trabalho dos segurados referidos no inciso VII do art. 11 desta Lei, provocando lesão corporal ou perturbação funcional que cause a morte ou a perda ou redução, permanente ou temporária, da capacidade para o trabalho.
> [...]
> **Art. 20.** Consideram-se acidente do trabalho, nos termos do artigo anterior, as seguintes entidades mórbidas:
> I – doença profissional, assim entendida a produzida ou desencadeada pelo exercício do trabalho peculiar a determinada atividade e constante da respectiva relação elaborada pelo Ministério do Trabalho e da Previdência Social;
> II – doença do trabalho, assim entendida a adquirida ou desencadeada em função de condições especiais em que o trabalho é realizado e com ele se relacione diretamente, constante da relação mencionada no inciso I.
> § 1º Não são consideradas como doença do trabalho:
> a) a doença degenerativa;
> b) a inerente a grupo etário;
> c) a que não produza incapacidade laborativa;

d) a doença endêmica adquirida por segurado habitante de região em que ela se desenvolva, salvo comprovação de que é resultante de exposição ou contato direto determinado pela natureza do trabalho.

§ 2º Em caso excepcional, constatando-se que a doença não incluída na relação prevista nos incisos I e II deste artigo resultou das condições especiais em que o trabalho é executado e com ele se relaciona diretamente, a Previdência Social deve considerá-la acidente do trabalho.

Art. 21. Equiparam-se também ao acidente do trabalho, para efeitos desta Lei:

I – o acidente ligado ao trabalho que, embora não tenha sido a causa única, haja contribuído diretamente para a morte do segurado, para redução ou perda da sua capacidade para o trabalho, ou produzido lesão que exija atenção médica para a sua recuperação;

II – O acidente sofrido pelo segurado no local e no horário do trabalho, em consequência de:

a) ato de agressão, sabotagem ou terrorismo praticado por terceiro ou companheiro de trabalho;

b) ofensa física intencional, inclusive de terceiro, por motivo de disputa relacionada ao trabalho;

c) ato de imprudência, de negligência ou de imperícia de terceiro ou de companheiro de trabalho;

d) ato de pessoa privada do uso da razão;

e) desabamento, inundação, incêndio e outros casos fortuitos ou decorrentes de força maior;

III – a doença proveniente de contaminação acidental do empregado no exercício de sua atividade;

IV – o acidente sofrido pelo segurado ainda que fora do local e horário de trabalho:

a) na execução de ordem ou na realização de serviço sob a autoridade da empresa;

b) na prestação espontânea de qualquer serviço à empresa para lhe evitar prejuízo ou proporcionar proveito;

c) em viagem a serviço da empresa, inclusive para estudo quando financiada por esta dentro de seus planos para melhor capacitação da mão-de-obra, independentemente do meio de locomoção utilizado, inclusive veículo de propriedade do segurado;

As doenças ocupacionais dividem-se em duas categorias:
– *Doenças profissionais*: diretamente relacionadas ao exercício de determinada atividade, como a silicose em trabalhadores da mineração.
– *Doenças do trabalho*: causadas pelas condições especiais em que a atividade é desenvolvida, como lesões por esforço repetitivo em escritórios.

Ambas são equiparadas ao acidente de trabalho para efeitos legais, garantindo os mesmos direitos ao trabalhador, como o auxílio-doença acidentário e a estabilidade provisória no emprego pelo prazo de 12 meses após a cessação do benefício previdenciário, conforme o art. 118 da Lei nº 8.213/91.

> **Art. 118.** O segurado que sofreu acidente do trabalho tem garantida, pelo prazo mínimo de doze meses, a manutenção do seu contrato de trabalho na empresa, após a cessação do auxílio-doença acidentário, independentemente de percepção de auxílio-acidente.

O empregador é o principal responsável por prevenir acidentes de trabalho e doenças ocupacionais. Ele deve adotar medidas que garantam a segurança e a saúde dos empregados, como a avaliação constante dos riscos no ambiente laboral, o fornecimento de EPIs adequados e a implementação de programas de prevenção, como o Programa de Controle Médico de Saúde Ocupacional (PCMSO) e o Programa de Prevenção de Riscos Ambientais (PPRA).

Conforme disposto nos arts. 157 e 166 da CLT (vide itens anteriores), cabe ao empregador fornecer EPIs em perfeito estado de conservação e fiscalizar seu uso. A jurisprudência reforça que a negligência na adoção dessas medidas caracteriza culpa do empregador, podendo gerar a obrigação de indenizar o trabalhador por danos morais, materiais e estéticos, como já consolidado em diversos julgados, incluindo o caso de redução de capacidade laboral por acidente de trabalho:

> ACIDENTE DE TRABALHO. DANO MORAL. CULPA DO EMPREGADOR. CONFIGURAÇÃO. É dever do empregador zelar pela higidez física de seus empregados, fornecendo meio ambiente de trabalho seguro para o desenvolvimento das atividades laborais, sob pena de arcar com o pagamento dos danos advindos de acidente de trabalho sofrido pelo trabalhador (TRT-15 – ROT: 00102648120185150041 0010264-81.2018.5.15.0041, Relator: LUIZ ANTONIO LAZARIM, 9ª Câmara, Data de Publicação: 22/06/2020).

8. SEGURANÇA E SAÚDE NO TRABALHO

Nos casos de acidente ou doença ocupacional, o contrato de trabalho é interrompido durante os 15 primeiros dias de afastamento e suspenso a partir do 16º dia, com o pagamento de auxílio-doença pela Previdência Social (art. 60, § 1º, Lei nº 8.213/91). O empregador mantém obrigações importantes durante o período de suspensão, como o depósito do FGTS, e, após o retorno do empregado, deve respeitar a estabilidade prevista em lei.

> **Art. 60.** O auxílio-doença será devido ao segurado empregado a contar do décimo sexto dia do afastamento da atividade, e, no caso dos demais segurados, a contar da data do início da incapacidade e enquanto ele permanecer incapaz. (Redação dada pela Lei nº 9.876, de 26.11.99)

A estabilidade acidentária, garantida pelo art. 118 da Lei nº 8.213/91, impede que o trabalhador seja dispensado arbitrariamente pelo período de 12 meses após a cessação do auxílio-doença acidentário, salvo por justa causa. Essa proteção visa proporcionar segurança ao trabalhador durante a reintegração à sua função.

A negligência do empregador em adotar medidas de prevenção ou em cuidar da saúde e da segurança dos empregados pode acarretar a sua responsabilização objetiva, com base no art. 927, parágrafo único, do Código Civil (vide o item anterior). Essa responsabilidade aplica-se independentemente de culpa, especialmente em atividades que, por sua natureza, implicam risco ao trabalhador.

Assim, tanto o acidente de trabalho quanto a doença ocupacional refletem a necessidade de um ambiente laboral seguro, onde o empregador deve ser proativo em prevenir danos e garantir condições adequadas de trabalho. A omissão ou negligência não apenas prejudica o trabalhador, mas também sujeita o empregador a sanções legais e reparações civis, trabalhistas e previdenciárias.

9 ESTABILIDADE E GARANTIAS DE EMPREGO

9.1 Estabilidades Provisórias

A ESTABILIDADE PROVISÓRIA é uma proteção jurídica conferida a trabalhadores em situações específicas, visando garantir a continuidade de seus vínculos empregatícios por um período determinado, independentemente da vontade do empregador. Este instituto busca equilibrar as relações de trabalho, protegendo os empregados em momentos de maior vulnerabilidade, como no caso de gestantes, dirigentes sindicais, membros da Comissão Interna de Prevenção de Acidentes (CIPA), entre outros.

A estabilidade provisória da gestante está prevista no art. 10, inciso II, alínea "b", do ADCT. Ela garante que a empregada não pode ser dispensada arbitrariamente desde a confirmação da gravidez até cinco meses após o parto. Essa proteção também se aplica a contratos de trabalho por prazo determinado, conforme estabelecido na Súmula nº 244 do TST.

> **Art. 10.** Até que seja promulgada a lei complementar a que se refere o art. 7º, I, da Constituição:
> **II** – fica vedada a dispensa arbitrária ou sem justa causa: [...]
> **b)** da empregada gestante, desde a confirmação da gravidez até cinco meses após o parto. (Vide Lei Complementar nº 146, de 2014)

Súmula nº 244 do TST
Enunciado
244 GESTANTE. ESTABILIDADE PROVISÓRIA. I – O desconhecimento do estado gravídico pelo empregador não afasta o direito ao pagamento da indenização decorrente da estabilidade (art. 10, II, *b*, do ADCT). II – A garantia de emprego à gestante só autoriza a reintegração se esta se der durante o período de estabilidade. Do contrário, a garantia restringe-se aos salários e demais direitos correspondentes ao período de estabilidade. III – A empregada gestante tem direito à estabilidade provisória prevista no art. 10, inciso II, alínea *b*, do Ato das Disposições Constitucionais Transitórias, mesmo na hipótese de admissão mediante contrato por tempo determinado. (Redação do item III alterada na sessão do Tribunal Pleno realizada em 14.09.2012) – Res. nº 185/2012, **DEJT** divulgado em 25, 26 e 27.09.2012

No entanto, nas palavras de Carlos Henrique Bezerra Leite (2019, p. 992):

> É importante lembrar que de acordo com a nova redação do item III da Súmula 244 do TST: "A empregada gestante tem direito à estabilidade provisória prevista no art. 10, inciso II, alínea 'b', do Ato das Disposições Constitucionais Transitórias, mesmo na hipótese de admissão mediante contrato por tempo determinado". Esse novo entendimento do TST passa a superar, pelo menos no que respeita ao contrato de trabalho com determinação de tempo (v.g., o contrato de experiência) da empregada gestante, tradicional posição doutrinária e jurisprudencial que considera incompatíveis os institutos da estabilidade com os contratos por tempo determinado.

Ressalta-se que o principal objetivo dessa estabilidade é proteger a maternidade e o nascituro, assegurando a subsistência da mãe durante a gravidez e no período pós-parto. Além disso, ela reconhece a vulnerabilidade econômica e social enfrentada por muitas gestantes, que poderiam encontrar dificuldade para se recolocar no mercado de trabalho, caso fossem dispensadas.

A estabilidade da gestante não exige que o empregador tenha conhecimento prévio do estado de gravidez, bastando que a concepção tenha ocorrido durante o contrato de trabalho. Tal interpretação, fundamentada na teoria objetiva, foi consolidada pelo TST para garantir os direitos das trabalhadoras e evitar possíveis discriminações.

Já estabilidade provisória do dirigente sindical tem como base o art. 8º, inciso VIII, da CF, regulamentado pelo art. 543, § 3º, da CLT. Essa proteção inicia-se com o registro da candidatura ao cargo de direção ou representação sindical e se estende até um ano após o término do mandato, salvo em casos de falta grave devidamente apurada.

> **Art. 8º** É livre a associação profissional ou sindical, observado o seguinte:
> **VIII** – é vedada a dispensa do empregado sindicalizado a partir do registro da candidatura a cargo de direção ou representação sindical e, se eleito, ainda que suplente, até um ano após o final do mandato, salvo se cometer falta grave nos termos da lei.

> **Art. 543.** O empregado eleito para cargo de administração sindical ou representação profissional, inclusive junto a órgão de deliberação coletiva, não poderá ser impedido do exercício de suas funções, nem transferido para lugar ou mister que lhe dificulte ou torne impossível o desempenho das suas atribuições sindicais. (Redação dada pelo Decreto-lei nº 229, de 28.2.1967)
> § 3º Fica vedada a dispensa do empregado sindicalizado ou associado, a partir do momento do registro de sua candidatura a cargo de direção ou representação de entidade sindical ou de associação profissional, até 1 (um) ano após o final do seu mandato, caso seja eleito inclusive como suplente, salvo se cometer falta grave devidamente apurada nos termos desta Consolidação. (Redação dada pela Lei nº 7.543, de 2.10.1986)

O objetivo dessa estabilidade é assegurar a independência e a liberdade do dirigente sindical no exercício de suas funções representativas. Ao impedir a dispensa arbitrária, busca-se evitar retaliações por parte do empregador, o que poderia comprometer a atuação em prol dos direitos da categoria. No entanto, a jurisprudência limita o número de dirigentes protegidos, restringindo-se aos membros titulares e suplentes da diretoria e do conselho fiscal do sindicato, conforme a Súmula nº 369 do TST.

Súmula nº 369 do TST
Enunciado
369 DIRIGENTE SINDICAL. ESTABILIDADE PROVISÓRIA. I – É assegurada a estabilidade provisória ao empregado dirigente sindical, ainda que a comunicação do registro da candidatura ou da eleição e da posse seja realizada fora do prazo previsto no art. 543, § 5º, da CLT, desde que a ciência ao empregador, por qualquer meio, ocorra na vigência do contrato de trabalho. II – O art. 522 da CLT foi recepcionado pela Constituição Federal de 1988. Fica limitada, assim, a estabilidade a que alude o art. 543, § 3º, da CLT a sete dirigentes sindicais e igual número de suplentes. III – O empregado de categoria diferenciada eleito dirigente sindical só goza de estabilidade se exercer na empresa atividade pertinente à categoria profissional do sindicato para o qual foi eleito dirigente. IV – Havendo extinção da atividade empresarial no âmbito da base territorial do sindicato, não há razão para subsistir a estabilidade. V – O registro da candidatura do empregado a cargo de dirigente sindical durante o período de aviso-prévio, ainda que indenizado, não lhe assegura a estabilidade, visto que inaplicável a regra do § 3º do art. 543 da Consolidação das Leis do Trabalho. (Redação do item I alterada na sessão do Tribunal Pleno realizada em 14.09.2012) – Res. nº 185/2012, **DEJT** divulgado em 25, 26 e 27.09.2012

Os representantes eleitos da CIPA também gozam de estabilidade provisória, conforme o art. 10, inciso II, alínea "a" do ADCT. Essa proteção vigora desde o registro da candidatura até um ano após o término do mandato, independentemente de a comissão ter sido instalada.

Art. 10. Até que seja promulgada a lei complementar a que se refere o art. 7º, I, da Constituição:
II – fica vedada a dispensa arbitrária ou sem justa causa:
a) do empregado eleito para cargo de direção de comissões internas de prevenção de acidentes, desde o registro de sua candidatura até um ano após o final de seu mandato;

O papel central da CIPA na prevenção de acidentes de trabalho e na promoção da saúde do trabalhador justifica essa proteção. Ao assegurar a estabilidade de seus membros, busca-se garantir a efetividade das atividades da comissão, prevenindo represálias que possam comprometer sua atuação em defesa dos empregados.

A estabilidade provisória desempenha um papel crucial na proteção de direitos fundamentais dos trabalhadores e na promoção de um ambiente de trabalho mais justo e equilibrado. Ela reconhece que determinadas circunstâncias, como a maternidade, o exercício de funções sindicais e a atuação na CIPA, tornam os empregados mais suscetíveis a práticas discriminatórias ou a retaliações por parte dos empregadores.

Ao assegurar a manutenção do vínculo empregatício nesses casos, a estabilidade provisória não apenas resguarda o sustento e a dignidade dos trabalhadores, mas também fortalece o sistema de proteção social como um todo. Além disso, ela contribui para a estabilidade das relações de trabalho, promovendo um clima de confiança e segurança entre empregados e empregadores.

O instituto da estabilidade provisória é essencial no contexto da seguridade do empregado, pois reflete o compromisso do ordenamento jurídico em assegurar a dignidade e a proteção social nas relações de trabalho. Ele atua como uma barreira contra dispensas arbitrárias, promovendo a segurança econômica e psicológica do trabalhador em momentos de maior vulnerabilidade, como a gestação ou o exercício de funções que envolvem a defesa coletiva de direitos. Essa garantia não só protege o empregado diretamente envolvido, mas também fortalece a percepção de justiça social e equidade no ambiente laboral, contribuindo para um equilíbrio mais sólido entre capital e trabalho.

9.2 Despedida sem Justa Causa e suas Consequências

A rescisão sem justa causa é caracterizada pela decisão unilateral do empregador de extinguir o contrato de trabalho sem que haja um motivo grave que justifique a dispensa. É uma prerrogativa do empregador, prevista na lei, que deve, contudo, respeitar os direitos assegurados ao empregado no momento da rescisão. As implicações dessa modalidade de rescisão e os direitos do trabalhador são regidos principalmente pela CLT e demais leis complementares, como a Lei nº 8.036/90, que regula o FGTS.

LEI Nº 8.036, DE 11 DE MAIO DE 1990
Dispõe sobre o Fundo de Garantia do Tempo de Serviço, e dá outras providências.
O PRESIDENTE DA REPÚBLICA, faço saber que o Congresso Nacional decreta e eu sanciono a seguinte lei:
Art. 1º O Fundo de Garantia do Tempo de Serviço (FGTS), instituído pela Lei nº 5.107, de 13 de setembro de 1966, passa a reger-se por esta lei.

Quando o empregador opta pela rescisão sem justa causa, ele deve arcar com o pagamento das verbas rescisórias, que incluem: saldo de salários, férias vencidas e proporcionais acrescidas de 1/3 constitucional, 13º salário proporcional e multa rescisória de 40% sobre os depósitos do FGTS realizados durante a vigência do contrato. Além disso, é necessário garantir o cumprimento do aviso-prévio, que pode ser trabalhado ou indenizado. Caso o aviso-prévio seja indenizado, o empregador deve realizar o pagamento das verbas rescisórias no prazo de até 10 dias após a rescisão do contrato, conforme estipula o art. 477, § 6º, da CLT.

Art. 477. Na extinção do contrato de trabalho, o empregador deverá proceder à anotação na Carteira de Trabalho e Previdência Social, comunicar a dispensa aos órgãos competentes e realizar o pagamento das verbas rescisórias no prazo e na forma estabelecidos neste artigo. (Redação dada pela Lei nº 13.467, de 2017)
§ 6º A entrega ao empregado de documentos que comprovem a comunicação da extinção contratual aos órgãos competentes bem como o pagamento dos valores constantes do instrumento de rescisão ou recibo de quitação deverão ser efetuados até dez dias contados a partir do término do contrato. (Redação dada pela Lei nº 13.467, de 2017)

O FGTS, direito garantido pela CF/1988, é um dos principais componentes na rescisão sem justa causa. Durante a vigência do contrato, o empregador é obrigado a depositar mensalmente o valor correspondente a 8% do salário do empregado em uma conta vinculada. No momento da rescisão imotivada, além de permitir o saque do saldo depositado, a lei impõe o pagamento de uma indenização equivalente a 40% do valor total depositado ao longo do contrato, nos termos do art. 18, § 1º, da Lei nº 8.036/90.

> **Art. 18.** Ocorrendo rescisão do contrato de trabalho, por parte do empregador, ficará este obrigado a depositar na conta vinculada do trabalhador no FGTS os valores relativos aos depósitos referentes ao mês da rescisão e ao imediatamente anterior, que ainda não houver sido recolhido, sem prejuízo das cominações legais. (Redação dada pela Lei nº 9.491, de 1997)

Outro ponto relevante diz respeito à dispensa imotivada que ocorre nos 30 dias que antecedem a data-base da categoria. Nessa situação, o empregado tem direito à indenização adicional equivalente a um salário mensal, conforme prevê a Súmula nº 314 do TST. Essa regra visa proteger o trabalhador de uma dispensa injusta que busque evitar reajustes salariais previstos em convenção coletiva.

> **Súmula nº 314 do TST**
> **Enunciado**
> **314 INDENIZAÇÃO ADICIONAL. VERBAS RESCISÓRIAS. SALÁRIO CORRIGIDO.** Se ocorrer a rescisão contratual no período de 30 (trinta) dias que antecede à data-base, observado a Súmula nº 182 do TST, o pagamento das verbas rescisórias com o salário já corrigido não afasta o direito à indenização adicional prevista nas Leis nºs 6.708, de 30.10.1979 e 7.238, de 28.10.1984. (mantida) – Res. nº 121/2003, **DJ** 19, 20 e 21.11.2003

Vale ressaltar que, apesar de ser direito do empregador extinguir o contrato de trabalho sem justa causa, a lei impõe algumas restrições a essa prerrogativa. A dispensa não pode ser motivada por discriminação, como em casos de gravidez, crença religiosa, orientação sexual ou outros critérios protegidos pela legislação. Nessas hipóteses, a dispensa poderá ser considerada nula, e o empregador poderá ser obrigado a reintegrar o empregado ou pagar indenizações por danos materiais e morais.

VEJA O ESQUEMA ABAIXO:

Verbas Rescisórias	Descrição
Saldo de Salário	Pagamento dos dias trabalhados no mês da rescisão.
Aviso-Prévio	Aviso-prévio trabalhado ou indenizado, proporcional ao tempo de serviço (art. 487 da CLT).
Férias Vencidas	Pagamento das férias não gozadas, acrescidas de 1/3 constitucional.
Férias Proporcionais	Pagamento das férias proporcionais ao tempo trabalhado no período aquisitivo + 1/3 constitucional.
Multa de 40% do FGTS	Indenização equivalente a 40% do total dos depósitos do FGTS realizados durante o contrato.
Liberação do FGTS	Permite ao empregado o saque do saldo total depositado na conta vinculada do FGTS.
Indenização Adicional	Caso a dispensa ocorra nos 30 dias que antecedem a data-base, é devida indenização de um salário.
Seguro-Desemprego	Direito ao benefício, desde que cumpridos os requisitos legais (mínimo de 12 meses trabalhados).
13º Salário Proporcional	Pagamento do 13º salário calculado proporcionalmente aos meses trabalhados no ano corrente.

Fonte: Elaborado pelos autores, 2024.

Além disso, a rescisão sem justa causa não pode ocorrer durante períodos de estabilidade previstos em lei. Um exemplo clássico é a estabilidade provisória da gestante, que garante à empregada o direito de permanecer no emprego desde a confirmação da gravidez até cinco meses após o parto (vide o item acima).

O empregador que não observar os prazos e os direitos previstos para a rescisão pode ser penalizado. Caso o pagamento das verbas rescisórias não ocorra no prazo estipulado pela CLT, a empresa estará sujeita ao pagamento de uma multa equivalente ao valor de um salário do empregado, conforme estipula o art. 477, § 8º, da CLT.

> **Art. 477.** Na extinção do contrato de trabalho, o empregador deverá proceder à anotação na Carteira de Trabalho e Previdência Social, comunicar a dispensa aos órgãos competentes e realizar o pagamento das verbas rescisórias no prazo e na forma estabelecidos neste artigo. (Redação dada pela Lei nº 13.467, de 2017)
> **§ 8º** A inobservância do disposto no § 6º deste artigo sujeitará o infrator à multa de 160 BTN, por trabalhador, bem assim ao pagamento da multa a favor do empregado, em valor equivalente ao seu salário, devidamente corrigido pelo índice de variação do BTN, salvo quando, comprovadamente, o trabalhador der causa à mora. (Incluído pela Lei nº 7.855, de 24.10.1989)

Em suma, a rescisão sem justa causa é um direito do empregador, mas deve ser conduzida de forma a respeitar os direitos garantidos ao trabalhador. O pagamento correto e tempestivo das verbas rescisórias, o cumprimento das normas legais e a observância das estabilidades são fundamentais para evitar litígios trabalhistas. Para garantir a validade da dispensa, recomenda-se que esta seja formalizada por escrito, assegurando transparência e segurança jurídica para ambas as partes envolvidas.

9.3 Rescisão Indireta

A rescisão indireta, também chamada de justa causa do empregador, constitui uma forma de término do contrato de trabalho na qual o empregado, diante de graves irregularidades praticadas pelo empregador, decide pela extinção do vínculo empregatício. Essa figura está disciplinada pelo art. 483 da CLT e se aplica sempre que o empregador comete atos que configuram violação aos direitos fundamentais ou contratuais do empregado, tornando insustentável a continuidade da relação laboral.

> **Art. 483.** O empregado poderá considerar rescindido o contrato e pleitear a devida indenização quando:
> **a)** forem exigidos serviços superiores às suas forças, defesos por lei, contrários aos bons costumes, ou alheios ao contrato;
> **b)** for tratado pelo empregador ou por seus superiores hierárquicos com rigor excessivo;
> **c)** correr perigo manifesto de mal considerável;
> **d)** não cumprir o empregador as obrigações do contrato;
> **e)** praticar o empregador ou seus prepostos, contra ele ou pessoas de sua família, ato lesivo da honra e boa fama;
> **f)** o empregador ou seus prepostos ofenderem-no fisicamente, salvo em caso de legítima defesa, própria ou de outrem;
> **g)** o empregador reduzir o seu trabalho, sendo este por peça ou tarefa, de forma a afetar sensivelmente a importância dos salários.

No contexto da rescisão indireta, é importante compreender que a iniciativa parte do trabalhador, que se vê compelido a romper o contrato devido a faltas graves cometidas pelo empregador, como explica Carlos Henrique Bezerra Leite (2019, p. 940):

> Pensamos, contudo, que o art. 483, d, da CLT deve ser reinterpretado conforme a Constituição Federal, de modo que, se for comprovada a violação, ainda que parcial, das obrigações de pagar, de fazer ou de não fazer relacionadas aos direitos fundamentais sociais do trabalhador, por exemplo, a falta ou o atraso no pagamento dos salários ou do décimo terceiro, a não concessão de férias ou a ausência do recolhimento do FGTS, implicará justa causa perpetrada do empregador, o que autorizará a rescisão indireta do contrato de trabalho pelo empregado.

Essas faltas, que podem ser de natureza comissiva ou omissiva, ferem os deveres essenciais do empregador na relação de trabalho.

Situações que geram esse tipo de rescisão incluem descumprimento das obrigações contratuais, tratamento degradante ou rigor excessivo, exposição do empregado a riscos consideráveis ou, ainda, atos lesivos à honra, à boa fama ou à integridade física do trabalhador ou de sua família.

A legislação trabalhista considera a rescisão indireta uma resposta ao desequilíbrio na relação de trabalho causado pela conduta do empregador. O rompimento do contrato, nesse caso, não se caracteriza como pedido de demissão, pois o empregado não deve ser penalizado pelas consequências advindas das faltas patronais.

Pelo contrário, ao comprovar a violação do contrato ou os atos injustos, o empregado faz jus aos mesmos direitos e verbas rescisórias que receberia se tivesse sido dispensado sem justa causa. Isso inclui o aviso-prévio, as férias vencidas e proporcionais, o 13º salário proporcional, o FGTS com a indenização compensatória e o acesso ao seguro-desemprego.

O art. 483 da CLT delineia as situações em que o empregado pode se basear para fundamentar a rescisão indireta.

A doutrina e a jurisprudência evoluíram para consolidar o entendimento de que não é qualquer descumprimento contratual que enseja tal ruptura. A falta cometida pelo empregador deve ser grave o suficiente para comprometer a continuidade saudável e justa do vínculo empregatício.

Por exemplo, situações como atraso reiterado no pagamento de salários ou ausência do recolhimento do FGTS são consideradas graves violações, pois afetam diretamente os direitos constitucionais do trabalhador e configuram desrespeito às obrigações legais e contratuais:

> RECURSO DE REVISTA. RESCISÃO INDIRETA. FGTS. AUSÊNCIA DE DEPÓSITOS. CONSEQUÊNCIA. A ausência dos depósitos do FGTS ou o depósito irregular, constitui falta grave a justificar a rescisão indireta do contrato de trabalho. Hipótese de incidência do art. 483, alínea *d*, da CLT ("não cumprir o empregador as obrigações do contrato"). Precedentes. Recurso de Revista de que se conhece e a que se dá provimento (TST – RR 118242220175150032, Rel. João Batista Brito Pereira, Data de Julgamento: 24/02/2021, 8ª Turma, Data de Publicação: 01/03/2021).

Ou ainda:

> ATRASOS NOS PAGAMENTOS DE SALÁRIO. RESCISÃO INDIRETA DO CONTRATO DE TRABALHO. O descumprimento das obrigações contratuais principais pelo empregador – mora salarial – permite a decretação da rescisão indireta do contrato de trabalho, visto que a inadimplência do empregador de tal monta compromete até mesmo a obtenção pelo trabalhador dos meios de subsistência próprio e de sua família, tendo em conta o fim precípuo do salário (TRT12 – ROT – 0000874-79.2018.5.12.0006, Rel. Carlos Alberto Pereira de Castro, 3ª Câmara, Data de Assinatura: 17/02/2020, Data de Julgamento: 29/01/2020, Gab. Des. Amarildo Carlos de Lima).

No caso específico dos empregados domésticos, a Lei Complementar nº 150/2015 prevê, em seu art. 27, parágrafo único, hipóteses que caracterizam a rescisão indireta no âmbito desse tipo de relação de trabalho. Essa legislação assegura ao trabalhador doméstico direitos equivalentes aos demais empregados regidos pela CLT e exige, também, que a violação por parte do empregador seja devidamente comprovada.

> **Art. 27. [...]**
> **Parágrafo único.** O contrato de trabalho poderá ser rescindido por culpa do empregador quando:
> I – o empregador exigir serviços superiores às forças do empregado doméstico, defesos por lei, contrários aos bons costumes ou alheios ao contrato;
> II – o empregado doméstico for tratado pelo empregador ou por sua família com rigor excessivo ou de forma degradante;
> III – o empregado doméstico correr perigo manifesto de mal considerável;
> IV – o empregador não cumprir as obrigações do contrato;
> V – o empregador ou sua família praticar, contra o empregado doméstico ou pessoas de sua família, ato lesivo à honra e à boa fama;
> VI – o empregador ou sua família ofender o empregado doméstico ou sua família fisicamente, salvo em caso de legítima defesa, própria ou de outrem;
> VII – o empregador praticar qualquer das formas de violência doméstica ou familiar contra mulheres de que trata o art. 5º da Lei nº 11.340, de 7 de agosto de 2006.

A aplicação prática da rescisão indireta exige a comprovação, pelo empregado, da justa causa do empregador. É comum que, diante de uma situação de descumprimento contratual, o trabalhador recorra à Justiça do Trabalho para pleitear a rescisão indireta e as verbas rescisórias devidas.

A análise judicial considera a gravidade das alegações, exigindo provas documentais ou testemunhais que demonstrem a conduta irregular do empregador. Além disso, a jurisprudência tem se mostrado firme em proteger os direitos fundamentais do trabalhador, reconhecendo a rescisão indireta, inclusive, em situações de danos morais ou discriminação, que violam os princípios constitucionais da dignidade humana e da valorização do trabalho.

Cabe ressaltar que, em algumas situações, mesmo a permanência do empregado no serviço durante o processo judicial não impede o reconhecimento da rescisão indireta. Isso se deve ao fato de que a lei assegura ao empregado a possibilidade de permanecer no trabalho até que a decisão judicial seja proferida, como forma de garantir seu sustento durante o trâmite do processo. Assim, a continuidade da prestação de serviços não implica renúncia ao direito de pleitear a rescisão indireta.

Em síntese, a rescisão indireta é um mecanismo jurídico fundamental para proteger o trabalhador contra abusos e descumprimentos praticados pelo empregador. Ao assegurar que o empregado possa rescindir o contrato e receber as mesmas verbas rescisórias de uma dispensa sem justa causa, a legislação trabalhista reafirma os princípios de justiça social e equilíbrio nas relações de trabalho. Além disso, a aplicação desse instituto demanda um rigoroso exame de provas e uma interpretação que priorize a proteção dos direitos fundamentais e a dignidade do trabalhador.

10 MODALIDADES DE PRESTAÇÃO DE SERVIÇO

10.1 Pelo Regimento da CLT

> **Art. 442.** Contrato individual de trabalho é o acordo tácito ou expresso, correspondente à relação de emprego.

A MODALIDADE DE PRESTAÇÃO de serviços regida CLT é a principal forma de contrato no Brasil e está regulamentada nos arts. 442 a 450 da CLT. Essa modalidade estabelece a relação de emprego, na qual o trabalhador presta serviços ao empregador de forma subordinada, habitual, pessoal e mediante remuneração. O art. 3º da CLT define os elementos essenciais da relação empregatícia: subordinação jurídica, habitualidade, onerosidade e pessoalidade.

> **Art. 3º** Considera-se empregado toda pessoa física que prestar serviços de natureza não eventual a empregador, sob a dependência deste e mediante salário.

O contrato de trabalho pode ser por tempo indeterminado ou por tempo determinado. O contrato por tempo indeterminado é a regra geral, sendo aquele sem prazo prévio de encerramento. Já o contrato por tempo determinado é exceção, permitido apenas nos casos previstos no art. 443, § 1º, da CLT: quando o serviço ou atividade tiver caráter transitório, quando houver contrato de experiência (máximo de 90 dias, conforme o art. 445 da CLT), ou quando o trabalho estiver ligado a um acontecimento previsível.

> **Art. 443.** O contrato individual de trabalho poderá ser acordado tácita ou expressamente, verbalmente ou por escrito, por prazo determinado ou indeterminado, ou para prestação de trabalho intermitente. (Redação dada pela Lei nº 13.467, de 2017)
> § 1º Considera-se como de prazo determinado o contrato de trabalho cuja vigência dependa de termo prefixado ou da execução de serviços especificados ou ainda da realização de certo acontecimento suscetível de previsão aproximada. (Parágrafo único renumerado pelo Decreto-lei nº 229, de 28.2.1967)
> **Art. 445.** O contrato de trabalho por prazo determinado não poderá ser estipulado por mais de 2 (dois) anos, observada a regra do art. 451. (Redação dada pelo Decreto-lei nº 229, de 28.2.1967)

Portanto, o contrato de trabalho regido pela CLT garante direitos essenciais, como FGTS, férias remuneradas, 13º salário, aviso-prévio, além da proteção da relação de emprego mediante as regras de rescisão previstas nos arts. 477 a 486 da CLT.

> **Art. 477.** Na extinção do contrato de trabalho, o empregador deverá proceder à anotação na Carteira de Trabalho e Previdência Social, comunicar a dispensa aos órgãos competentes e realizar o pagamento das verbas rescisórias no prazo e na forma estabelecidos neste artigo. (Redação dada pela Lei nº 13.467, de 2017)
> **Art. 478.** A indenização devida pela rescisão de contrato por prazo indeterminado será de 1 (um) mês de remuneração por ano de serviço efetivo, ou por ano e fração igual ou superior a 6 (seis) meses. (Vide Lei nº 2.959, de 1956)
> § 1º O primeiro ano de duração do contrato por prazo indeterminado é considerado como período de experiência, e, antes que se complete, nenhuma indenização será devida.
> § 2º Se o salário for pago por dia, o cálculo da indenização terá por base 25 (vinte e cinco) dias. (Vide Constituição Federal, Art. 7º, inciso XIII)
> § 3º Se pago por hora, a indenização apurar-se-á na base de 200 (duzentas) horas por mês. (Vide Constituição Federal, Art. 7º, inciso XIII)

§ 4º Para os empregados que trabalhem a comissão ou que tenham direito a percentagens, a indenização será calculada pela média das comissões ou percentagens percebidas nos últimos 12 (doze) meses de serviço. (Redação dada pelo Decreto-lei nº 229, de 28.2.1967)
§ 5º Para os empregados que trabalhem por tarefa ou serviço feito, a indenização será calculada na base média do tempo costumeiramente gasto pelo interessado para realização de seu serviço, calculando-se o valor do que seria feito durante 30 (trinta) dias.
Art. 479. Nos contratos que tenham termo estipulado, o empregador que, sem justa causa, despedir o empregado será obrigado a pagar-lhe, a título de indenização, e por metade, a remuneração a que teria direito até o termo do contrato. (Vide Lei nº 9.601, de 1998)
Parágrafo único. Para a execução do que dispõe o presente artigo, o cálculo da parte variável ou incerta dos salários será feito de acordo com o prescrito para o cálculo da indenização referente à rescisão dos contratos por prazo indeterminado.
Art. 480. Havendo termo estipulado, o empregado não se poderá desligar do contrato, sem justa causa, sob pena de ser obrigado a indenizar o empregador dos prejuízos que desse fato lhe resultarem. (Vide Lei nº 9.601, de 1998)
Parágrafo único. A indenização, porém, não poderá exceder aquela a que teria direito o empregado em idênticas condições.
§ 1º A indenização, porém, não poderá exceder àquela a que teria direito o empregado em idênticas condições. (Renumerado do parágrafo único pelo Decreto-lei nº 6.353, de 20.3.1944)
Art. 481. Aos contratos por prazo determinado, que contiverem cláusula asseguratória do direito recíproco de rescisão antes de expirado o termo ajustado, aplicam-se, caso seja exercido tal direito por qualquer das partes, os princípios que regem a rescisão dos contratos por prazo indeterminado.
Art. 482. Constituem justa causa para rescisão do contrato de trabalho pelo empregador:
a) ato de improbidade;
b) incontinência de conduta ou mau procedimento;
c) negociação habitual por conta própria ou alheia sem permissão do empregador, e quando constituir ato de concorrência à empresa para a qual trabalha o empregado, ou for prejudicial ao serviço;

d) condenação criminal do empregado, passada em julgado, caso não tenha havido suspensão da execução da pena;
e) desídia no desempenho das respectivas funções;
f) embriaguez habitual ou em serviço;
g) violação de segredo da empresa;
h) ato de indisciplina ou de insubordinação;
i) abandono de emprego;
j) ato lesivo da honra ou da boa fama praticado no serviço contra qualquer pessoa, ou ofensas físicas, nas mesmas condições, salvo em caso de legítima defesa, própria ou de outrem;
k) ato lesivo da honra ou da boa fama ou ofensas físicas praticadas contra o empregador e superiores hierárquicos, salvo em caso de legítima defesa, própria ou de outrem;
l) prática constante de jogos de azar.
m) perda da habilitação ou dos requisitos estabelecidos em lei para o exercício da profissão, em decorrência de conduta dolosa do empregado. (Incluído pela Lei nº 13.467, de 2017)
Parágrafo único. Constitui igualmente justa causa para dispensa de empregado a prática, devidamente comprovada em inquérito administrativo, de atos atentatórios à segurança nacional. (Incluído pelo Decreto-lei nº 3, de 27.1.1966)
Art. 483. O empregado poderá considerar rescindido o contrato e pleitear a devida indenização quando:
a) forem exigidos serviços superiores às suas forças, defesos por lei, contrários aos bons costumes, ou alheios ao contrato;
b) for tratado pelo empregador ou por seus superiores hierárquicos com rigor excessivo;
c) correr perigo manifesto de mal considerável;
d) não cumprir o empregador as obrigações do contrato;
e) praticar o empregador ou seus prepostos, contra ele ou pessoas de sua família, ato lesivo da honra e boa fama;
f) o empregador ou seus prepostos ofenderem-no fisicamente, salvo em caso de legítima defesa, própria ou de outrem;
g) o empregador reduzir o seu trabalho, sendo este por peça ou tarefa, de forma a afetar sensivelmente a importância dos salários.

§ 1º O empregado poderá suspender a prestação dos serviços ou rescindir o contrato, quando tiver de desempenhar obrigações legais, incompatíveis com a continuação do serviço.

§ 2º No caso de morte do empregador constituído em empresa individual, é facultado ao empregado rescindir o contrato de trabalho.

§ 3º Nas hipóteses das letras *d* e *g*, poderá o empregado pleitear a rescisão de seu contrato de trabalho e o pagamento das respectivas indenizações, permanecendo ou não no serviço até final decisão do processo. (Incluído pela Lei nº 4.825, de 5.11.1965)

Art. 484. Havendo culpa recíproca no ato que determinou a rescisão do contrato de trabalho, o tribunal de trabalho reduzirá a indenização à que seria devida em caso de culpa exclusiva do empregador, por metade.

Art. 484-A. O contrato de trabalho poderá ser extinto por acordo entre empregado e empregador, caso em que serão devidas as seguintes verbas trabalhistas: (Incluído pela Lei nº 13.467, de 2017)

I – por metade: (Incluído pela Lei nº 13.467, de 2017)

a) o aviso-prévio, se indenizado; e (Incluído pela Lei nº 13.467, de 2017)

b) a indenização sobre o saldo do Fundo de Garantia do Tempo de Serviço, prevista no § 1º do art. 18 da Lei nº 8.036, de 11 de maio de 1990; (Incluído pela Lei nº 13.467, de 2017)

II – na integralidade, as demais verbas trabalhistas. (Incluído pela Lei nº 13.467, de 2017)

§ 1º A extinção do contrato prevista no caput deste artigo permite a movimentação da conta vinculada do trabalhador no Fundo de Garantia do Tempo de Serviço na forma do inciso I-A do art. 20 da Lei nº 8.036, de 11 de maio de 1990, limitada até 80% (oitenta por cento) do valor dos depósitos. (Incluído pela Lei nº 13.467, de 2017)

§ 2º A extinção do contrato por acordo prevista no caput deste artigo não autoriza o ingresso no Programa de Seguro-Desemprego. (Incluído pela Lei nº 13.467, de 2017)

Art. 485. Quando cessar a atividade da empresa, por morte do empregador, os empregados terão direito, conforme o caso, à indenização a que se referem os art. 477 e 497.

Art. 486. No caso de paralisação temporária ou definitiva do trabalho, motivada por ato de autoridade municipal, estadual ou federal, ou pela promulgação de lei ou resolução que impossibilite a continuação da atividade, prevalecerá o pagamento da indenização, que ficará a cargo do governo responsável. (Redação dada pela Lei nº 1.530, de 26.12.1951) (Vide Medida Provisória nº 1.045, de 2021)

10.2 Trabalho Autônomo

O trabalho autônomo está regulado principalmente pelo Código Civil, nos arts. 593 a 609, e pelo art. 442-B da CLT, inserido pela reforma trabalhista. Trata-se de uma modalidade em que o trabalhador presta serviços sem subordinação ao contratante, mantendo total independência na execução das atividades e assumindo os riscos econômicos do negócio.

Art. 442-B. A contratação do autônomo, cumpridas por este todas as formalidades legais, com ou sem exclusividade, de forma contínua ou não, afasta a qualidade de empregado prevista no art. 3º desta Consolidação.

O autônomo define seu horário, seu modo de trabalho e o local, atuando por conta própria. Ele pode prestar serviços a um ou mais tomadores, sem caracterizar exclusividade ou vínculo empregatício. No entanto, o art. 9º da CLT prevê que, caso sejam constatadas subordinação e habitualidade, o contrato poderá ser declarado nulo, reconhecendo-se a relação de emprego.

Art. 9º Serão nulos de pleno direito os atos praticados com o objetivo de desvirtuar, impedir ou fraudar a aplicação dos preceitos contidos na presente Consolidação.

O Código Civil também regula a figura do empreiteiro, um tipo específico de trabalhador autônomo. Segundo o art. 610 do Código Civil, o empreiteiro se compromete a executar uma obra mediante remuneração, podendo fornecer ou não os materiais necessários.

Art. 610. O empreiteiro de uma obra pode contribuir para ela só com seu trabalho ou com ele e os materiais.

§ 1º A obrigação de fornecer os materiais não se presume; resulta da lei ou da vontade das partes.

§ 2º O contrato para elaboração de um projeto não implica a obrigação de executá-lo, ou de fiscalizar-lhe a execução.

A relação é focada no resultado do trabalho, diferentemente da relação de emprego, que se baseia na prestação contínua de serviços.

10.3 Trabalho Eventual

O trabalho eventual caracteriza-se pela prestação de serviços esporádicos, sem habitualidade e continuidade, sendo regulado de forma indireta pelo art. 3º da CLT (vide o tópico acima), que exclui a não eventualidade como requisito do vínculo empregatício. O trabalhador eventual é aquele cuja prestação de serviços ocorre de forma transitória e limitada a um acontecimento específico, não fazendo parte das atividades permanentes ou essenciais da empresa.

Para diferenciar o trabalhador eventual do empregado, a doutrina apresenta algumas teorias importantes: a) a teoria do evento define que o trabalho eventual está ligado a um fato isolado e específico; b) a teoria dos fins da empresa considera eventual o trabalho que não está inserido nos objetivos principais do tomador de serviço; c) já a teoria da descontinuidade afirma que eventual é aquele que presta serviços de maneira esporádica e para diferentes tomadores.

Exemplo comum de trabalhador eventual são os boias-frias, as diaristas ou os "chapas", que realizam carga e descarga de caminhões em caráter pontual. A jurisprudência estabelece que, caso a prestação de serviços se torne habitual, mesmo sem contrato formal, poderá ser reconhecido o vínculo empregatício, conforme previsto no art. 9º da CLT (vide o tópico acima).

10.4 Trabalho Avulso

O trabalho avulso é caracterizado pela prestação de serviços descontínua e sem vínculo empregatício direto, porém com a intermediação obrigatória de um sindicato ou órgão gestor de mão de obra. A CF, em seu art. 7º, inciso XXXIV, assegura ao trabalhador avulso os mesmos direitos garantidos aos empregados, como FGTS, férias, 13º salário e adicionais legais.

> **Art. 7º São direitos dos trabalhadores urbanos e rurais, além de outros que visem à melhoria de sua condição social:**
> **XXXIV** – igualdade de direitos entre o trabalhador com vínculo empregatício permanente e o trabalhador avulso;

A atividade do trabalhador avulso é regulamentada por legislações específicas, como a Lei nº 12.023/2009, que regula a movimentação de mercadorias em áreas urbanas e rurais, e a Lei nº 12.815/2013, que trata do trabalhador portuário avulso. Nessa modalidade, o sindicato é responsável pela organização das escalas, pelo pagamento dos salários e pela fiscalização das condições de trabalho.

> **LEI Nº 12.023, DE 27 DE AGOSTO DE 2009**
> Dispõe sobre as atividades de movimentação de mercadorias em geral e sobre o trabalho avulso.
> **O PRESIDENTE DA REPÚBLICA** Faço saber que o Congresso Nacional decreta e eu sanciono a seguinte Lei:
> **Art. 1º** As atividades de movimentação de mercadorias em geral exercidas por trabalhadores avulsos, para os fins desta Lei, são aquelas desenvolvidas em áreas urbanas ou rurais sem vínculo empregatício, mediante intermediação obrigatória do sindicato da categoria, por meio de Acordo ou Convenção Coletiva de Trabalho para execução das atividades.

> **LEI Nº 12.815, DE 5 DE JUNHO DE 2013**
> Dispõe sobre a exploração direta e indireta pela União de portos e instalações portuárias e sobre as atividades desempenhadas pelos operadores portuários; altera as Leis nºs 5.025, de 10 de junho de 1966, 10.233, de 5 de junho de 2001, 10.683, de 28 de maio de 2003, 9.719, de 27 de novembro de 1998, e 8.213, de 24 de julho de 1991; revoga as Leis nºs 8.630, de 25 de fevereiro de 1993, e 11.610, de 12 de dezembro de 2007, e dispositivos das Leis nºs 11.314, de 3 de julho de 2006, e 11.518, de 5 de setembro de 2007; e dá outras providências.
> **A PRESIDENTA DA REPÚBLICA** Faço saber que o Congresso Nacional decreta e eu sanciono a seguinte Lei:

10. MODALIDADES DE PRESTAÇÃO DE SERVIÇO

O avulso geralmente atua em atividades essenciais ou complementares ao tomador de serviços, como as realizadas nos portos e na movimentação de cargas. Embora não haja vínculo direto, o tomador responde solidariamente pelo pagamento das remunerações e pelo recolhimento dos encargos sociais, conforme previsto na Lei nº 12.023/2009, art. 8º.

> **Art. 8º** As empresas tomadoras do trabalho avulso respondem solidariamente pela efetiva remuneração do trabalho contratado e são responsáveis pelo recolhimento dos encargos fiscais e sociais, bem como das contribuições ou de outras importâncias devidas à Seguridade Social, no limite do uso que fizerem do trabalho avulso intermediado pelo sindicato.

REFERÊNCIA BIBLIOGRÁFICAS

BOMFIM, Vólia Cassar. **Direito do trabalho**. 19. ed. Rio de Janeiro: Método, 2022.

CARRION, V. **Comentários à Consolidação das Leis do Trabalho**. 19. ed. São Paulo: Saraiva, 1995.

DELGADO, M. G. **Curso de Direito do Trabalho**. 18. ed. São Paulo: LTr, 2018.

GASPAR, D. G. **A crise da subordinação jurídica clássica enquanto elemento definidor da relação de emprego e a proposta da subordinação potencial**. Salvador: Universidade Federal da Bahia, 2011.

LEITE, C. H. B. *Curso de Direito do Trabalho*. São Paulo: Saraiva Educação, 2019.

LIMA, F. M. M. **Elementos de direito do trabalho e processo trabalhista**. 6. ed. São Paulo: LTr, 1994.

LOPES, A. M. S.; DELGADO, M. G. A ressignificação do patamar civilizatório mínimo para a aquilatação devida da indisponibilidade dos direitos fundamentais trabalhistas. **Revista da AGU**, 2024.

MARANHÃO, D.; SÜSSEKIND, A.; VIANNA, S.; TEIXEIRA, L. **Instituições de Direito do Trabalho**. 22. ed. São Paulo: LTr, 2005, p. 235.

MARTINEZ, Luciano. **Curso de Direito do Trabalho:** relações individuais e coletivas do trabalho. 9 ed. São Paulo: Saraiva, 2018.

MARTINS, Sérgio Pinto. **Direito do Trabalho**, 33 ed. São Paulo: Saraiva Jur., 2017.

MENDONÇA, H. L. A. de. **A valorização real do salário mínimo e seus efeitos sobre o mercado de trabalho brasileiro de 2002 a 2016**. Viçosa: Universidade Federal de Viçosa, 2017. p. 8.

MORAES FILHO, E. de. **Introdução do Direito do Trabalho**. 5. ed. São Paulo: LTr, 1991.

NASCIMENTO, A. M. **Curso de Direito do Trabalho**. 10. ed. São Paulo: Saraiva, 1992.

PIMPÃO, H. **Das relações de emprego no Direito do Trabalho**. 2. ed. Rio de Janeiro: José Konfino, 1960.

RAMOS, J. E. S. A relação de emprego: conceito de empregador e empregado e a parassubordinação. **Justiça do Trabalho**, n. 270, jun. 2006.

RESENDE, R. **Direito do Trabalho**. 9. ed. rev. e atual. Rio de Janeiro: Método, 2023.

Freitas Bastos Editora